UNIVERS DES LETTRES
COLLECTION THÉMATIQUE
dirigée par Georges Décote

au

© BORDAS 1972 N° 0255 740 505   PRINTED IN FRANCE
ISBN 2-04-000194-8

SOMMAIRE

La Vénus d'Arles.
**Pourquoi la femme est-elle, plus que
l'homme, symbole de beauté?**

> « *La femme est l'avenir de
> l'homme* »
>
> Aragon

● **AVANT-PROPOS**

Parler de *la femme dans la littérature* recouvre une ambiguïté. S'agit-il des femmes qui écrivent des livres, ou des livres qu'on écrit sur les femmes? Si l'on s'en tient à la notion de « thème » qui inspire cette collection, il semble que la deuxième solution doive seule être retenue. Pourtant, à la différence d'autres thèmes, « la femme » ne saurait être considérée uniquement comme un objet ou un concept. De nombreuses femmes ont écrit sur leur propre condition, non pas *naturellement*, mais pour rappeler qu'elles constituaient la moitié du genre humain, pour se poser en tant qu'auteurs, et exister autrement que sous la forme de mythes ou d'objets auxquels les réduisait trop souvent la littérature faite par les hommes. « Le problème de la femme, écrit Simone de Beauvoir, a toujours été un problème d'hommes. » Là résiderait l'explication de ce « mythe de la femme » et de cet « éternel féminin » qui irritent tant les penseurs féministes. Force nous est donc de tenir compte de cette résistance opposée à notre thème, même si la littérature féminine contribue à l'alimenter à son tour, ajoutant au traditionnel « thème de la femme » un thème de réflexion où les femmes-écrivains se trouvent à la fois auteurs et objets d'étude.

L'étude de la femme dans l'Histoire, par laquelle débute ce recueil, ne prétend pas être une véritable étude historique (un volume n'y suffirait pas), mais plutôt un rappel des grandes figures, des « phares », qui ont, à travers les siècles, marqué la conscience des hommes et plus particulièrement des artistes et des écrivains. De même les rubriques suivantes visent-elles moins à « traiter » de la femme dans la pensée ou la société contemporaines, dans l'art ou la littérature, qu'à éclairer tel ou tel des textes proposés dans la suite de l'ouvrage. Enfin, nous avons volontairement limité ce recueil à des auteurs choisis dans la littérature française, exceptionnellement européenne : on ne s'étonnera donc pas qu'il ne soit pas tenu compte, dans cette introduction, de la femme africaine ou orientale, à laquelle ne sauraient être appliqués les concepts ou références historiques utilisés ici.

● CHAPITRE I

LA FEMME DANS L'HISTOIRE[1]

LA BIBLE ET L'ANTIQUITÉ CLASSIQUE

La femme est, si l'on en croit le Talmud, un être rempli de défauts, et la loi juive ne lui reconnaît guère de droits. Si Rachel ou Sarah[2] rassurent, Dalila et Bethsabée présentent le visage inquiétant de l'amour fatal. Les femmes vont dépraver les dernières années du règne du sage Salomon, et quand, à sa mort, à la faveur du schisme[3] des tribus, elles accèdent au trône, Jézabel à celui d'Israël et Athalie à celui de Juda, elles incarnent un pouvoir tyrannique et sanguinaire. Judith, cependant, en se sacrifiant pour délivrer du général assyrien Holopherne la petite ville de Béthulie, inaugure une tradition dont on trouve des prolongements ailleurs que dans la Bible : celle de la femme dévouée qui, à défaut de la puissance physique, dispose d'autres armes pour servir la communauté nationale. Rôle d'intercesseur : c'est encore celui de l'obscure Myriem qui, sous le règne, d'Hérode, alors que Jérusalem est devenue province romaine,

---

1. Pour une étude plus complète, voir *Histoire illustrée de la femme*, préfacée par André Maurois, éditions Lidis, 1965, 3 vol.
2. Dans la Bible, Rachel est l'épouse de Jacob et Sarah l'épouse d'Abraham.
3. Le schisme sépara la Palestine en deux royaumes : celui d'Israël et celui de Juda.

11

met au monde à Nazareth un enfant nommé Jésus. L'Église catholique la consacrera sous le nom de Marie et lui vouera un culte.

La légende grecque des Amazones symbolisait une aspiration de la femme à l'égalité physique avec les hommes et à l'indépendance. Mais les Spartiates s'en sont plus volontiers souvenus que les Athéniens. Si la femme est souvent exaltée chez Homère, les lois de Solon, à partir du VIe siècle avant J.-C., restreignent sérieusement ses prérogatives. Son rôle dans Athènes est ambigu : elle est tenue légalement dans un état de dépendance étroit par rapport à l'homme, mais son influence auprès des plus grands hommes d'État est reconnue de tous. Misogyne et amoureux, Périclès a fait de ses « hétaïres » les vraies reines de la cité : la plus célèbre demeure Aspasie, dont le féminisme très avancé trouve en Platon un interprète favorable.

Placée sous la dépendance du père de famille, la femme romaine n'a guère plus de droits que la femme athénienne. Tout au plus peut-elle intercéder (les Sabines enlevées par les Romains s'interposent pour éviter la guerre, et Véturie détourne Coriolan[1], son fils, de se venger de Rome); sa vertu est considérée : c'est pour venger l'honneur de Lucrèce[2] que Rome renversa la royauté, et les Vestales, gardiennes du feu de Vesta, la déesse du foyer, devaient à leur virginité un immense respect auprès du peuple romain; la femme est aussi, parfois, l'inspiratrice : c'est grâce à Cornélie, leur mère, que les Gracques eurent l'idée de grandes réformes agraires. Il faut toutefois attendre l'Empire pour voir jouer aux femmes un grand rôle politique. Si c'est une étrangère, Cléopâtre, qui, la première, influença de manière décisive le destin de Rome, Livie et surtout Agrippine, la mère de Néron, marqueront l'Empire de leur personnalité.

LE MOYEN AGE

Le régime féodal subordonne le vassal à son suzerain, mais non point la femme à l'homme. Aussi bien de nombreuses femmes tiennent-elles la tête d'un fief, et elles y montrent souvent de grandes qualités d'administrateur. Leurs qualités guerrières et politiques sont également mises à l'épreuve et

---

1. Général romain du Ve siècle avant J.-C. Condamné à l'exil, il se tourna contre sa patrie, qu'il épargna néanmoins devant l'intervention de sa mère et de sa femme.
2. Dame romaine qui se tua après avoir été outragée par un fils du roi Tarquin le Superbe (510 av.-J.-C.).

Lucas Cranach, *Lucrèce.*

plus d'une accompagne son mari aux croisades. Mais les résultats sont sur ce plan moins convaincants : par son amour coupable pour son oncle, Aliénor d'Aquitaine aurait causé l'échec de la seconde croisade, et si, plus tard, les croisés perdirent Jérusalem après le désastre de Hattin (1187), ce serait encore parce que Constance d'Antioche s'éprit d'un jeune arriviste sans scrupules, qu'elle fit prince d'Antioche. L'histoire de Clorinde [1], victime après un combat singulier de son amant Tancrède, symbolise pourtant l'estime dans laquelle le monde chrétien tenait le courage et la valeur de la femme; elle n'est pas seulement le « démon du foyer » : la petite paysanne qui vint un jour de mars de l'an 1429 s'agenouiller aux pieds de Charles VII allait en fournir une preuve éloquente. Jeanne d'Arc, victorieuse de l'envahisseur anglais, puis brûlée vive, demeurera pour la France le symbole du patriotisme et de l'unité nationale.

Il n'est pas indifférent non plus que le grand événement qui marque la fin du Moyen Age, la découverte de l'Amérique par Christophe Colomb, se produise sous le règne d'Isabelle la Catholique, reine de Castille, qui va assurer par son ambition et sa sagesse une longue et puissante domination à l'Espagne.

LA RENAISSANCE

La Renaissance italienne va accorder à la femme un rôle qu'elle n'avait encore jamais connu dans l'Histoire. Dans leurs petites cours, les femmes donnent le ton aux mœurs, inspirent les artistes, et tirent bien souvent les ficelles de la politique et de la diplomatie. Elles conquièrent suffisamment d'indépendance pour que le mariage tombe un peu en désuétude et pour que les courtisanes, souvent lettrées et spirituelles, jouissent d'une immense faveur.

En éloignant les rois de France de leur trône, les guerres d'Italie contribuèrent à donner de l'importance aux femmes qui assuraient la régence, comme Anne de Bretagne. Il faut pourtant attendre, en France, le milieu du XVIe siècle pour voir Diane de Poitiers jouer un rôle comparable à celui qu'avaient joué les femmes italiennes depuis la fin du siècle précédent. Sa rivalité avec Catherine de Médicis, duel d'une reine contre une favorite, prend une valeur exemplaire dans l'histoire de France. Supplantée dans ses droits d'épouse, Catherine fera valoir ses

---

1. Héroïne de la *Jérusalem délivrée*, poème épique du Tasse.

droits de mère, et inspirera probablement à Charles IX, son fils, les affreux massacres de la Saint-Barthélemy.

Rayonnantes en Italie, influentes en France, les femmes jouèrent un rôle encore plus décisif en Angleterre. Si Mary Tudor est morte avant que son intransigeance ne provoque une révolution, Élisabeth Ire ramènera la paix dans son royaume, avant de le défendre contre un complot de catholiques écossais, qui se terminera par l'exécution de Mary Stuart.

XVIIe SIÈCLE

On a parfois donné à la Fronde le nom de *Guerre des Femmes* ; la duchesse de Longueville, Mlle de Montpensier, la duchesse de Bouillon, bien d'autres encore y tiennent les premières places. Ce n'est qu'un des aspects du rôle capital joué par les femmes dans l'histoire de ce siècle. Grisées d'un pouvoir souvent nouveau pour elles, elles multiplient les complots et les intrigues. L'éclat du Roi-Soleil lui-même n'éteignit pas tout à fait les influences féminines. Henriette Stuart, sœur de Charles II d'Angleterre et belle-sœur de Louis XIV, joua un rôle déterminant à la cour de Versailles. La marquise de Montespan malgré ses intrigues, Mme de Maintenon grâce à sa sollicitude allaient ensuite marquer de leur empreinte l'apogée et le crépuscule du règne.

Telles sont les figures qui influencèrent la littérature épique et galante de l'époque. La Bruyère lui-même, dans l'important chapitre de ses *Caractères* intitulé *Des femmes*, ne s'intéresse qu'aux femmes de la cour et de la ville. Il faut y regarder de près pour s'apercevoir, au détour d'une phrase de son chapitre *De l'homme*, que ces « animaux farouches », « répandus par la campagne, noirs, livides et tout brûlés de soleil, attachés à la terre qu'ils fouillent et qu'ils remuent avec une opiniâtreté invincible » (La Bruyère désigne les paysans) sont pour une moitié « mâles », et pour l'autre « femelles ».

XVIIIe SIÈCLE

Victime du renversement des alliances qui domine l'histoire politique du XVIIIe siècle, Frédéric II déclarait qu'il avait été vaincu par la Fortune, et que celle-ci s'était prononcée en faveur de trois dames : Marie-Thérèse d'Autriche, Mme de Pompadour et Élisabeth de Russie. La première, mère de Marie-Antoinette, inspira le rapprochement franco-autrichien, qui allait devenir pour longtemps en France le symbole de la sagesse des Bourbons aux yeux de leurs partisans. Mme de Pompadour, inspiratrice malheureuse de la politique de Louis XV, ne tarda pas à être chargée par les Français mécontents de tous les péchés du règne, avant de représenter, pour les révolutionnaires de 89, l'insouciance et la corruption de la cour de Versailles. Élisabeth enfin répandit en Russie les bienfaits du « despotisme éclairé », et transmit à Catherine II, la « grande Catherine », un pouvoir affermi sur ses bases et adouci dans ses formes. Le rayonnement de Catherine II allait être puissant auprès des philosophes de l'Occident; l'admiration qu'elle inspira à Voltaire et à Diderot, ainsi que la haine que lui vouèrent les révolutionnaires français, marqueraient bien, s'il en était besoin, l'écart qui séparait l'idéal de la Révolution de celui de ses « inspirateurs ».

La haine de Marie-Antoinette ne fut pas l'un des moteurs les moins puissants des insurgés de 89 et de 92. Chez ces insurgés, les femmes comptent souvent parmi les plus exaltés; elles marchaient à la tête des émeutiers des journées d'octobre. Depuis les remarquables figures de Charlotte Corday ou de Mme Roland jusqu'aux sinistres « tricoteuses », les femmes occupent, pendant toute la Révolution, une place de tout premier plan. Une lente évolution les y avait préparées. Représentées brillamment dans les arts et la littérature par l'aristocratie des salons, les femmes ont aussi commencé à jouer dans la bourgeoisie un rôle important. Consentant à représenter la femme hors du domaine sacré ou mondain, et suivant l'exemple des peintres flamands, certains peintres français traduisent bien ce changement de mœurs. « Il n'est pas une femme du Tiers-État, écrit un critique de l'époque, qui ne se reconnaisse dans les tableaux de Chardin. »

XIXᵉ SIÈCLE

La méfiance de Napoléon envers les femmes restreignit considérablement leur rôle en France pendant les premières années du XIXᵉ siècle. A en croire Las Cases, l'auteur du *Mémorial de Sainte-Hélène*, Napoléon vantait volontiers la sagesse des Orientaux, qui pratiquaient la polygamie, et trouvait qu'on faisait déjà beaucoup pour les femmes quand on allait jusqu'à leur reconnaître une âme. Il importe que l'un des principaux opposants du régime, Mme de Staël, soit connu par son féminisme presque autant que par son libéralisme. Sous la Restauration et la Monarchie de Juillet, cependant, les femmes vont prendre une part importante dans les revendications ouvrières et sociales.

Le féminisme s'identifie déjà, parfois, au socialisme, et l'émancipation de la femme devient l'une des pièces d'un combat beaucoup plus vaste. Pauline Roland et Flora Tristan peuvent être considérées, à cet égard, comme les précurseurs de l'Internationale ouvrière de 1867. Aux États-Unis, de même, antiesclavagisme et féminisme deviennent deux faces d'un même programme dans la bouche des orateurs, et de plus en plus fréquemment des oratrices politiques.

La place des femmes dans les luttes ouvrières s'accroît pendant la deuxième moitié du siècle. Louise Michel sera condamnée au bagne, après la Commune, avant de prédire le formidable soulèvement qui allait ébranler la Russie. La jeune nihiliste Sophie Peroskaïa y mourait, pendue, en 1881, après avoir participé à l'attentat contre Alexandre II.

C'est un tout autre aspect des vertus politiques de la femme qu'incarne, dans le même temps, en Angleterre, la reine Victoria. Son sens de la dignité, sa rigueur, la prudence et la clairvoyance de son règne font d'elle le symbole vivant d'une certaine tradition anglaise.

XXᵉ SIÈCLE

Le XXᵉ siècle marque la conquête, au moins théorique, de l'égalité de la femme dans la plupart des domaines. Égalité politique obtenue presque partout (certains ont encore en mémoire l'action des « suffragettes » au début du siècle); égalité civique (l'autorité parentale supplante de plus en plus, aux yeux de la loi, l'autorité paternelle); égalité devant le travail, la plus précaire de toutes, sans doute, tant il demeure difficile, dans notre société, de concilier les traditionnelles fonctions de mère et d'épouse et des responsabilités professionnelles identiques à celles des hommes; égalité aussi, hélas! face au mépris de la personne humaine : l'horreur des camps de Ravensbrück, où étaient entassées des femmes pendant la Seconde Guerre mondiale, ne le cédait en rien à celle des camps d'Auschwitz ou de Dachau.

Tout se passe comme si, s'ajoutant à des revendications personnelles profondes, les revendications d'intérêt général trouvaient souvent chez les femmes une adhésion plus enthousiaste. On rencontre des femmes au premier rang du combat des Irlandais pour leur indépendance, et la Pasionaria à la tête des républicains espagnols durant la dernière guerre civile. Action de caractère romantique, bien souvent, et par là-même suspecte. Qui oserait s'en étonner? Les chefs d'État féminins désignés par

voie de suffrage, comme Mme Golda Meir ou Mme Gandhi.
demeurent l'exception, et les femmes choisies comme ministres
sont encore aujourd'hui, en France même, des « monstres »
que les magazines présentent à la curiosité de leurs lecteurs.

Nous avons énuméré, au cours d'une rapide revue des siècles
précédents, quelques femmes qui s'étaient illustrées dans une
histoire faite principalement par les hommes; la même méthode
vaut à peu près (quitte à s'en tenir moins strictement aux indi-
vidualités, davantage aux groupes et aux idées représentées)
pour la période contemporaine. Qu'il nous soit possible de pro-
céder ainsi situe bien le problème. La femme, forte de conquêtes
récentes et encore mal assurées, ne peut sans ambiguïté s'in-
tégrer à une histoire où son rôle relève, jusqu'à présent, de
l'action souterraine ou de l'anecdote; elle ne peut défendre
sans arrière-pensée une société dans laquelle sa propre place
pose un problème; à la limite, on peut imaginer qu'elle se désin-
téresse d'une lutte qui n'est pas la sienne, ou profite de causes
qui lui sont étrangères pour pouvoir enfin poser les questions
qui la concernent directement. On ne pourra sans doute plus,
dans l'avenir, écrire l'Histoire de la femme sans remettre en
cause sa fonction dans l'histoire, et sans poser le problème
impliqué par sa féminité.

LA FEMME ET LES GRANDS COURANTS DE LA PENSÉE CONTEMPORAINE

PSYCHANALYSE ET EXISTENTIALISME

L'existence d'une *nature* féminine se trouve approfondie
plutôt que remise en question par les recherches de la psychanalyse. Pour Freud, la découverte de sa « castration » est une
étape décisive dans l'évolution de la petite fille. Ce traumatisme
déterminerait trois types de femmes : les unes, remplaçant le
désir du pénis par celui de l'enfant, deviendraient de « vraies »
femmes, normales et maternelles ; d'autres, abandonnant
toute compétition avec l'homme parce qu'elles sentent le combat
trop inégal, se résigneraient à un rôle de second plan, analogue
à celui que remplissent dans les ruches d'abeilles les « ouvrières »;
d'autres enfin, n'ayant pas accepté la réalité qu'elles ont découverte, lutteraient et se cramponneraient à tout ce que la femme
peut recéler de virilité psychique et organique. Le problème
serait en somme pour la femme « de savoir placer sa virilité où

il convient [1] ». Hélène Deutsch contribue, quitte à l'affiner, à accréditer cette notion d'une *nature* féminine : la femme est définie par elle comme « passive-masochiste », c'est-à-dire qu'elle prendrait plaisir à se soumettre, à subir la contrainte [2].

Cette idée de *nature*, c'est précisément ce que repoussent Simone de Beauvoir et les philosophes existentialistes. En s'enfonçant dans des oppositions simplistes comme instincts et sentiments inconscients, plaisir et douleur, amour et haine..., et en plaçant dans la manière dont chaque sexe ressent ses différences anatomiques le point de départ de leur évolution ultérieure, Freud aurait abouti, selon eux, à ne faire de la femme qu'un homme amoindri. Simone de Beauvoir combat, quant à elle, l'idée de Freud suivant laquelle « l'anatomie, c'est le destin »; pour elle, « on ne naît pas femme, on le devient ». Psychanalyse et existentialisme ne sont peut-être pas, néanmoins, aussi irréconciliables qu'il pourrait y paraître à première vue : enrichissant d'un contenu existentiel les définitions freudiennes, Karen Horney écrivait dès 1930 : « Le phénomène masochiste représente un espoir d'atteindre à la sécurité et à la satisfaction dans la vie au travers de l'illusion et de la dépendance [3]. »

Plutôt que par une réflexion personnelle, c'est cependant par une restructuration de la société que passe, aux yeux de nombreux philosophes existentialistes, la libération de la femme. Ainsi, pour Simone de Beauvoir, « il ne faudrait pas croire que la simple juxtaposition du droit de vote et d'un métier soit une parfaite libération : le travail aujourd'hui n'est pas la liberté. C'est seulement dans un monde socialiste que la femme en accédant à l'un s'assurerait l'autre [4] ». Ainsi la réflexion de Simone de Beauvoir rejoint-elle pour une large part la pensée marxiste : c'est d'ailleurs bien l'U.R.S.S. et la Chine qui lui paraissent, au moment où elle écrit *Le deuxième sexe*, en mesure de mettre fin à cet « infini servage de la femme » dont parle Rimbaud.

MARXISME

Plutôt que sur la liberté de *se faire*, c'est en effet sur les condi-

1. Propos de Freud rapporté par Marie Bonaparte dans son ouvrage : *La sexualité de la femme*, Presses Universitaires de France, 1967, p. 143.
2. Voir Hélène Deutsch, *La psychologie des femmes*, Presses Universitaires de France, 1953.
3. Voir sur ce point Buytendijk, *op. cit.* in Bibliographie, III, 4.
4. Simone de Beauvoir, *Le deuxième sexe*, Gallimard, t. II p. 522.

tions historiques du développement de la femme que mettent l'accent les penseurs marxistes d'aujourd'hui. Ainsi Claudine Chonez, citant l'ethnologue américaine Margaret Mead : celle-ci « a visité les tribus de l'Océanie et en retrace les mœurs d'une façon qui dépasse de beaucoup l'intérêt purement ethnologique; car elle montre clairement comment le tempérament et le rôle respectif des hommes et des femmes, dans la plupart des tribus étudiées, n'est nullement défini par un déterminisme sexuel, mais bien par des valeurs *sociales* qui règnent sur toute la tribu et peuvent changer du noir au blanc, pour les deux sexes indistinctement ». « Si demain, conclut-elle, les valeurs, c'est-à-dire les institutions changent, chez nous aussi, la femme peut-être changera rapidement, que cela plaise ou non à Arnolphe, à Don Juan, ou même à Roméo [1]. »

A vrai dire, la position des marxistes vis-à-vis de la femme n'a pas toujours été exempte d'équivoques. Au congrès de l'Internationale de Genève de 1866, Varlin et Bourdon présentaient un texte qui disait : « Le manque d'éducation, l'excès de travail, la rémunération trop minime et la mauvaise condition hygiénique des manufactures sont actuellement pour les femmes qui y travaillent des causes d'abaissement physique et moral; ces causes peuvent être détruites par une meilleure organisation du travail, par la coopération. La femme ayant besoin de travailler pour vivre honorablement, on doit chercher à améliorer son travail, mais non à le supprimer. » Mais à ce texte s'en opposait un autre, signé Tolain, qui disait notamment : « Au point de vue physique, moral et social, le travail des femmes doit être énergiquement condamné. La femme a reçu de la nature des fonctions déterminées; sa place est dans la famille! » Ce fut ce dernier texte qui emporta les suffrages du Congrès.

Depuis, les choses ont évolué. Les théoriciens contemporains qui se réclament du marxisme tirent argument de l'inégalité des salaires et de ses conditions de travail pour faire de l'émancipation de la femme l'un des moyens de lutte contre le système de répression capitaliste. Plus que dans les œuvres de Marx, c'est dans celles d'Engels qu'ils puisent leurs sources : « Le renversement du droit maternel, écrit celui-ci, fut la grande défaite historique du sexe féminin. Même à la maison, ce fut

---

1. Claudine Chonez, *Le mythe de la femme*, in *La femme à la recherche d'elle-même*, Semaine de la pensée marxiste de Lyon, La Palatine, 1966, pp. 157-158.

l'homme qui prit en main le gouvernail, la femme fut dégradée, asservie, elle devint esclave du plaisir de l'homme et simple instrument de reproduction. Cette condition avilie de la femme, telle qu'elle apparaît chez les Grecs de l'époque héroïque notamment, et plus encore à l'époque classique, on la farda graduellement, on la para de faux-semblants, on la revêt parfois de formes adoucies, mais elle n'est pas du tout supprimée [1]. » Ou encore chez August Bebel, déclarant notamment : « L'avenir appartient au socialisme, c'est-à-dire en premier lieu à l'ouvrier et à la femme [2] », voire chez un socialiste utopique comme Fourier, qui écrivait bien avant Marx et Engels que « dans chaque société donnée, le niveau de l'affranchissement de la femme est l'aune à laquelle se mesure tout affranchissement. »

CHRISTIANISME

« Il n'y a ni homme ni femme, car vous ne faites tous qu'un dans le Christ Jésus » proclamait saint Paul dans l'épître aux Galates. Sa parole n'a pas toujours été exactement entendue. Les chrétiens du Moyen Age, et bien d'autres après eux, ne se sont guère défaits de l'idée que la femme, née d'une côte de l'homme, lui était chronologiquement, donc hiérarchiquement inférieure. A l'épître aux Galates fait d'ailleurs pendant l'épître aux Corinthiens, du même saint Paul, qui affirme que « l'homme n'a pas été créé pour la femme, mais la femme pour l'homme ». C'est Ève qui, dans la Bible, tend la pomme à Adam; on trouvera, dans ce recueil, une lettre d'Héloïse à Abélard qui accable la femme, pécheresse, tentatrice, corruptrice de l'homme : elle est le reflet d'une tradition antérieure, encore vivace aujourd'hui dans bien des esprits. Enfin, que le Sauveur ait été un homme, et que la femme n'ait été que la médiatrice, même sanctifiée, de la rédemption des hommes, ne pouvait qu'accentuer une certaine conception religieuse, qui refusait un sexe aux anges, mais ne le contestait guère, fût-ce inconsciemment ou de façon purement verbale, à Dieu le Père.

L'Église, de nos jours, reconnaît en principe des droits égaux aux deux sexes. Le baptême les constitue l'un et l'autre « personnes » dans l'Église. Pourtant, les femmes ne peuvent servir

---

1. Friedrich Engels, *Origine de la famille, de la propriété privée et de l'État*, Éditions Sociales, p. 57.
2. Voir August Bebel, *La femme et le socialisme*, Dietz Verlag, Berlin, 1964, 60e édition, traduite en français. La phrase indiquée est citée par Jacques Duclos dans son introduction à cette édition.

la messe, et, comme le note le père Soullard, on continue d'observer « une prudente circonspection à l'égard de la femme », et l'on maintient « la nécessité de sauvegarder la pudeur et les convenances ». Le mari demeure « le chef du foyer », et, conclut le père Soullard, « dans l'Église, s'il n'y a, au plan de la grâce, ni homme ni femme, chaque membre doit pourtant s'insérer dans un tout hiérarchisé [1] ».

Mais bien d'autres exégètes peuvent nous faire sentir cette hiérarchie comme une simple survivance, étrangère à la nature profonde du catholicisme; à plus forte raison la croyance à la « culpabilité » de la femme comme une obéissance à la lettre toute proche d'un péché contre l'esprit. « Plus une femme est femme, écrivait Léon Bloy, plus elle est sainte. » « La femme, dit de son côté A.-M. Henry, o.p., est le sexe religieux. L'homme est, par nature si l'on peut dire, dans une situation moins privilégiée puisque la tendance autonomiste de son tempérament ne le porte pas à se renoncer, à se démettre de lui-même, à se référer à un autre qu'à lui-même [2]. » Aussi bien le rôle social de la femme, qui est de faire apparaître cette « vie cachée » avec le Christ en Dieu, est-il souvent senti comme l'essentiel de la religion chrétienne. Ce rayonnement de la femme, nul n'en a mieux donné l'idée que le père Teilhard de Chardin : la vocation de la femme est, selon lui, de montrer la voie de ce qu'il appelle le « super-amour ». La femme serait « l'agent de la promotion d'un amour universel où les particules humaines comprennent qu'elles ne peuvent s'aimer chacune elle-même qu'à condition d'aimer et d'achever à quelque degré toutes les autres, et, par là-même, elle se présente comme la cheville ouvrière du progrès humain, s'il est vrai (comme le dit Teilhard) que ''ce n'est pas d'un tête-à-tête, ni d'un corps-à-corps, (mais) d'un cœur-à-cœur que nous avons besoin [3] ''.

LA FEMME DANS LA SOCIÉTÉ D'AUJOURD'HUI

Comme le montre remarquablement une étude publiée par le Centre national de la recherche scientifique [4], la place de

1. P.-M. Soullard, *La femme dans l'Église*, in *Lumière et Vie*, n° 43, juillet-août 1959.
2. A.-M. Henry, *Théologie de la féminité*, revue citée.
3. Analyse extraite de l'excellente étude d'André-A. Devaux, *Teilhard et la vocation de la femme*, Carnets Teilhard, Éditions Universitaires, 1963.
4. *La femme dans la société*, son image dans les différents milieux sociaux, publication du C.N.R.S., par Marie-José et Paul-Henry Chombart de Lauwe, Michèle Huguet, Élia Perroy, Noëlle Bisseret, 1963.

la femme dans la société est largement déterminée par l'*image* que nous en avons et surtout qu'elle a d'elle-même; image transmise par notre culture, notre religion, notre expérience quotidienne, nos préjugés. La femme peut bien avoir théoriquement conquis l'égalité avec l'homme dans la plupart des domaines (politique, éducatif, juridique...), il n'est pas sûr que ces conquêtes, souvent récentes, aient toutes porté leurs fruits. Pour nous en tenir au seul aspect français de la question, les femmes disposent du droit de vote depuis 1945; mais combien votent encore « comme leurs maris », ou se désintéressent du scrutin, soit parce que leur éducation politique demeure récente, soit parce que les *hommes* qu'elles sont le plus souvent conviées à élire ne posent pas, ou posent à leur manière, les problèmes qui les intéressent en tant que femmes? L'accession à l'égalité à l'intérieur du couple vient tout juste d'être obtenue : combien faudra-t-il d'années pour faire entrer dans les mœurs une réforme admise dans les textes, et combien de Français trouvent-ils encore normal que la femme ait été si longtemps tenue de suivre son mari, sans que celui-ci fût astreint à la même obligation? L'égalité devant l'éducation a été proclamée en 1880; mais elle concernait l'enseignement secondaire. Dans combien de temps le retard accumulé par l'enseignement technique féminin sera-t-il comblé? L'égalité devant le travail, enfin, s'assortit d'une évidente inégalité de salaires et de responsabilités; surtout, ainsi que le souligne Ménie Grégoire [1], « les femmes qui, dans leur vie, ont eu à accomplir un métier sont vraiment d'une autre ''race'' que celles qui n'ont vraiment eu qu'à affronter la vie ménagère et quotidienne. Et la race des femmes qui ont eu à assumer des responsabilités professionnelles est différemment évoluée, plus libre, parce que ces femmes ont dû affronter plus que les autres; elles ont dû dominer, dépasser quelque chose, la société; en tout cas se dépasser elles-mêmes. Mais si on me demande : ''Est-ce que le travail, tel qu'il est pratiqué aujourd'hui en France, libère les femmes ?'', alors je réponds : ''Non ! Le travail n'est pas une libération *tel qu'il est pratiqué aujourd'hui*''. Je réponds non, parce qu'on s'est contenté, en faisant travailler les femmes, de calquer la vie des femmes sur celle des hommes sans tenir absolument compte de leur condition et de leur vie de femmes, c'est-à-dire de la maternité. Notre organisation sociale, nos

---

1. *La femme à la recherche d'elle-même*, éd. cit., pp. 217-218.

attitudes de vie, semblent ignorer absolument ce que représente la maternité dans la vie des femmes ».

On ne saurait sous-estimer, certes, les effets bénéfiques que peut avoir l'apport sans cesse croissant d'un effectif féminin à l'intérieur d'une organisation sociale conçue par et pour les hommes. Ainsi que le soulignait Louis Armand dans sa préface à *La femme dans l'avenir* [1], la participation croissante des femmes aux entreprises a des conséquences affectives importantes, et elles sont susceptibles d'apporter, à l'aspect technocratique des « prospectives » industrielles, des correctifs humains salutaires pour l'équilibre de l'ensemble des travailleurs. Au plan politique, de même, il semble qu'on puisse déceler chez la femme, aussi inexpérimentée soit-elle, une horreur et un refus de la guerre supérieurs à ceux de l'homme, et il n'est pas impossible que les gouvernants qu'elles sont désormais appelées à élire s'en trouvent influencés. On ne saurait toutefois réduire le rôle de la femme à celui d'un correctif; sa vocation n'est pas d'accomplir, en les humanisant, les tâches des hommes, mais de se définir par elle-même. Aussi peut-on douter que l'identité des rôles soit le meilleur moyen de procurer à chaque sexe son équilibre idéal.

Repenser le rôle de la femme dans la société revient à repenser celui de l'homme, et à les redéfinir l'un par rapport à l'autre. « Derrière l'image de la femme, écrit P.-H. Chombart de Lauwe dans l'ouvrage du C.N.R.S. cité, celle du couple est partout présente. L'harmonie du couple apparaît comme une véritable nostalgie. Or, cette harmonie a paru longtemps liée à l'équilibre des rôles traditionnels, qui dépendaient eux-mêmes de statuts différents et de situations propres à chaque sexe. La femme au travail au lieu d'être à la maison, pratiquant des métiers dits masculins, prenant des responsabilités réservées jusqu'ici aux hommes, peut-elle découvrir de nouvelles possibilités de dialogue amoureux ou au contraire risque-t-elle, en se libérant, de perdre sa plus grande joie dans l'existence? Posé en ces termes, comme il l'est trop souvent, le problème n'a pas de sens. La vérité semble être que la libération de la femme, fait inévitable, suppose le changement de toutes les relations sociales, de tous les systèmes de valeurs, de tout l'équilibre de la société. » Ce changement des relations sociales passe, pour une large part, par la

---

1. Ouvrage publié en 1964 par la Société des pétroles Shell-Berre.

transformation des relations d'individu à individu. On peut rêver d'une société sans classes, et, partant, considérer que, pour un travailleur, le possédant est forcément l'ennemi; aucune féministe, croyons-nous, n'a jamais rêvé d'une société sans sexes : chaque sexe se trouve donc conduit à se définir *par rapport* à l'autre plutôt que *contre* l'autre. L'illusion nourrie par certaines femmes, souvent brandie comme une menace contre le « mâle », et entretenue par les alléchantes découvertes de la parthénogénèse, de se libérer *seules* et de vivre enfin *pour elles-mêmes*, rejoint paradoxalement, ainsi que le faisait remarquer une récente correspondance de l'abbé Marc Oraison, l'erreur des catholiques « intégristes » : les signataires d'un récent manifeste en faveur de l'avortement libre, déclarant : « *Je* veux un enfant » ou « *J'ai* décidé de ne pas en avoir » raisonnent en effet comme les pères de famille les plus traditionalistes, qui évacuaient l'amour des problèmes du couple, considéraient l'autre sexe comme un agent de reproduction, et l'acte sexuel comme le moyen de mettre au monde de « petits chrétiens » quand leur toute-puissance de chef de famille en avait ainsi décidé.

Souhaiter que chaque sexe se réalise en harmonie avec l'autre n'est pas un vœu pieux : une enquête menée par les chercheurs du C.N.R.S., et figurant dans l'ouvrage cité plus haut, pour déterminer l'image de la femme que se font nos contemporains, a abouti à deux positions de principe largement majoritaires : la femme *égale* de l'homme, la femme *différente* de l'homme. On y relève que les femmes sont favorables à tout ce qui facilite leur émancipation, mais prêtes à faire des concessions importantes quand elles risquent leur bonheur, et en particulier quand elles sentent l'harmonie de leur couple menacée. Pareil référendum peut alimenter bien des équivoques : les colonisateurs ont toujours beau jeu à montrer que les colonisés tiennent aux faibles avantages qu'ils leur ont procurés, et proclamer la femme « différente » est pour trop d'esprits un moyen commode de la proclamer « inférieure ». En fait, la croyance à l'infériorité de la femme nous paraît bel et bien le reliquat d'une mentalité primitive; elle est, comme le suggère P.-H. Chombart de Lauwe, la « projection dans des symboles de particularités concrètes de son anatomie et de sa physiologie ». Que notre civilisation devienne adulte, qu'un certain culte fétichiste du phallus cesse d'influencer notre vision des deux sexes, et la femme pourra, sans complexe, « cultiver sa différence ». De même redécouvrira-

25

t-elle sans doute, comme la garantie de son équilibre, une harmonie avec l'autre sexe qu'elle est tentée de rejeter quand elle la considère comme « octroyée ».

LA FEMME DANS L'ART ET LA LITTÉRATURE

Inspiratrice plutôt que créatrice : tel est le rôle attribué à la femme par la plupart des historiens. Par son harmonie, le corps féminin (le « beau sexe ») se prêterait mieux que le corps de l'homme à la plastique. Vénus est devenue, pour bien des peintres ou sculpteurs, le symbole de la beauté, comme la Vierge est souvent celui de la maternité. On en conclura facilement à la part prise dans l'œuvre de tel ou tel artiste par une compagne souvent demeurée méconnue. Henri Perruchot [1] ne voit-il pas dans le sourire énigmatique de la Joconde un reflet de la vie sentimentale de Léonard de Vinci ?

Pareilles interprétations ont leur vraisemblance. Tenue à l'écart de la vie publique et des activités proprement intellectuelles, la femme a naturellement trouvé dans le goût des arts et de la littérature une compensation à son oisiveté. On ne compte plus les auteurs de traités qui voient dans les beaux-arts la seule orientation raisonnable à l'éducation d'une jeune fille bien née. Encore devra-t-elle se garder de faire servir d'heureuses dispositions ou un honnête enseignement à une vocation qui l'entraînerait loin de ses devoirs de mère et d'épouse. Le texte de Mme Roland cité dans le présent recueil (p. 88) est significatif, venant d'une femme dont le « progressisme » est à d'autres égards étonnant : sa fille aura une éducation artistique, mais elle ne sera point une « virtuose »; elle saura, en somme, juste ce qui est nécessaire pour lire, entendre ou contempler avec admiration ce que l'autre sexe aura produit. En plein XIXe siècle, le « métier » d'écrivain de George Sand choque un grand nombre de ses contemporains. A supposer, d'ailleurs, que la vocation littéraire ou artistique d'une jeune fille ne soit pas systématiquement contrariée, les conditions même dans lesquelles elle est élevée ont quelques chances de nuire à son plein épanouissement. « Ce que j'envie, écrit Marie Bashkirtseff, peintre russe du XIXe siècle citée par Simone de Beauvoir, c'est la liberté de se

---

1. Voir l'article d'Henri Perruchot dans *Histoire illustrée de la femme*, éd. cit., t. II.

promener toute seule, d'aller et de venir, de s'asseoir sur les bancs du jardin des Tuileries. Voilà la liberté sans laquelle on ne peut pas devenir un vrai artiste. Vous croyez qu'on profite de ce qu'on voit quand on est accompagné ou quand, pour aller au Louvre, il faut attendre sa voiture, sa demoiselle de compagnie, sa famille!... Voilà la liberté qui manque et sans laquelle on ne peut arriver sérieusement à être quelque chose. La pensée est enchaînée par suite de cette gêne stupide et incessante... Cela suffit pour que les ailes tombent. C'est une des grandes raisons pour lesquelles il n'y a pas d'artistes femmes [1]. »

Élevée dans le respect des arts, mais privée d'une véritable vocation artistique, la femme s'est naturellement trouvée pourvue d'une fonction ambiguë : amateur privilégié à défaut d'être véritablement artiste, muse à défaut d'être poète; Béatrice a sa part dans le génie de Dante, et l'on glorifie Mme de Pompadour d'avoir inspiré la création de la manufacture royale de porcelaine de Sèvres. N'exagérons pas : on peut, en cherchant bien, tracer une histoire des écrivains et des artistes féminins, citer Berthe Morisot ou Mme Vigée-Lebrun, montrer que de Sapho à Agatha Christie, beaucoup d'entre elles ont échappé à la servitude et, bravant les impératifs de la nature ou de la société, réussi à s'imposer dans des genres très différents. Mais ce serait, une fois de plus, présenter une galerie de « monstres », et esquiver le vrai problème. Presque tous ceux qui se livrent à ce genre d'exercice alignent d'ailleurs des exceptions pour mieux confirmer la règle, peu contestable, que les grands génies sont masculins. Encore heureux quand ils ne rejettent pas ces exceptions elles-mêmes! Ainsi fait Jean Larnac dans une *Histoire de la littérature féminine en France* parue au début de ce siècle : « Les femmes, écrit-il, n'ont pleinement réussi que dans la correspondance qui n'est qu'une conversation à distance, la poésie lyrique et le roman de confession, qui ne sont qu'un épanchement du cœur. Elles n'ont produit rien qui compte dans tous les domaines qui exigent de l'auteur un complet détachement de soi-même et dans ceux qui ne se fondent pas sur le concret. J'ajoute que, même dans les domaines où elles ont brillé, on leur reproche souvent de manquer d'art, c'est-à-dire de perfection formelle. Les seules dont les œuvres présentent une composition ou un style remarquable sont celles qui

1. Cité dans *Le deuxième sexe, édit. cit.*, t. II, pp. 555-556.

Courbet, *les Baigneuses.*
On les trouva laides, et le tableau
fut du même coup jugé laid.

furent guidées par des hommes : Mme de La Fayette par Segrais et La Rochefoucauld, Mme de Staël par ses nombreux amis, George Sand par ses amants, Mme Colette par M. Willy. » On n'est pas plus « goujat », ni sans doute plus injuste; et la misogynie de Jean Larnac rejoint curieusement une certaine forme extrémiste du féminisme (dans laquelle Simone de Beauvoir tombe quelquefois) qui dénie à la femme toutes les qualités pour mieux persuader de l'horreur de la servitude où elle a été réduite. Du moins la polémique féministe a-t-elle un sens; on y fait feu de tout bois pour une cause qui paraît fondamentalement juste. Mais à quoi bon constater, comme le fait Jean Larnac et tant d'autres après lui, avec une feinte tristesse ou une secrète délectation, une réelle ou supposée supériorité masculine, si ce n'est pour en chercher les causes, éventuellement les remèdes?

Il reste que, tenue à l'écart des grands courants de la création littéraire ou artistique, la femme a pu se consoler en fournissant leur thème de prédilection à la plupart des grands créateurs. Dans un article intitulé *Féminité et Littérature* [1], Denise Venaissin résume avec esprit de quelle manière on a confiné la femme dans son rôle d'objet : « Trois périodes, écrit-elle, sont déterminables. Dans la première, le poète dit à la femme : « Je te fais immortelle. Tais-toi puisque je parle de toi et donc pour toi. » Dans la seconde, l'homme de lettres lui déclare : « Parle si tu veux, pourvu que ce soit trop bien dit pour être vrai. » Dans la troisième, le critique constate : « Les femmes écrivent. Nous n'y pouvons rien, c'est ainsi. Mais tout cela ne touche qu'à l'ordre du quantitatif. Vingt sous-Pascales ne feront pas un seul Pascal. Trente sous-Shakespearines ne bâtiront pas la moitié d'un Shakespeare. » Ceux qui la chantent croient donc ôter à la femme le droit de chanter elle-même. La confusion ici dénoncée est lourde d'implications. Elle est celle de l'objet et du sujet, ou encore de l'art et de la vie. On fait comme s'il y avait une commune mesure entre la figure représentée sur une toile (ou le personnage contenu dans un roman) et la personne humaine qui a pu lui donner naissance; on confond le modèle et l'objet créé; on ne s'aperçoit pas que le mot *femme* n'a pas le même sens suivant qu'il s'agit d'un être animé ou d'une figuration artistique.

---

1. in *Conscience de la féminité*, ouvrage édité (sans mention de date) par l'Institut des hautes études familiales, Éditions Familiales de France, pp. 93-94.

Les conséquences de cette confusion ont marqué l'histoire de la peinture depuis un siècle. Courbet avait déjà horrifié les bourgeois du second Empire par ses *Baigneuses* : on les trouva « laides », et le tableau fut du même coup jugé « laid ». A plus forte raison Picasso devait-il scandaliser par sa première toile cubiste, *Les demoiselles d'Avignon* : idolâtres de la femme et tenants de l'académisme se trouvèrent dans le même camp pour crier au scandale. A l'inverse, les succès de Renoir auprès de ses contemporains méritent examen : beaucoup croyaient admirer ses tableaux, et se pâmaient en fait devant la grâce des jeunes filles qu'ils y voyaient représentées. Peut-être le degré d'évolution d'un art se mesure-t-il à l'affranchissement de ses critères spécifiques d'appréciation par rapport à des critères extérieurs à sa nature propre. Ainsi peut-on concevoir des doutes sur la maturité artistique du cinéma, par exemple : on y fait mal le départ, bien souvent, entre la beauté du sujet et la beauté cultivée par le metteur en scène; une « belle image » cinématographique devrait pouvoir se distinguer — est-ce toujours le cas? — de l'image d'une belle actrice. De Vénus à Brigitte Bardot, la femme est pour l'esprit de l'homme un archétype de la Beauté : utilisée à des fins artistiques, elle entretient une équivoque; la mythologie liée à son sexe concurrence nos facultés proprement esthétiques, nous avons tendance à préférer la mauvaise photographie d'une belle femme à un beau tableau représentant une femme laide, et de médiocres metteurs en scène ont fait fortune, voire illusion sur leur talent, en dévoilant des « stars » à l'écran.

Le piquant est que cette confusion entre l'art et la vie (particulièrement entre la femme réelle et le thème de la femme), entretenue par des esprits qu'avait abusés le mythe de la femme, soit acceptée implicitement par maint auteur féministe : de même que les idolâtres de la femme interdisaient à tout artiste de la montrer autrement que belle, de même voudrait-on aujourd'hui condamner tout écrivain à traiter la femme, non comme un objet d'art, mais comme une cause sacrée à laquelle doit céder tout impératif esthétique. Ainsi Simone de Beauvoir, reprenant à son compte les modes d'appréciation de la critique la plus vieillie, témoigne-t-elle à Stendhal sa reconnaissance, parce qu'il a vécu « parmi des femmes de chair et d'os [1] »

---

1. *Le deuxième sexe*, t. I, p. 364.

Picasso, *les Demoiselles d'Avignon,*
choqua les tenants de l'académie et
les idolâtres de la femme.

et le montre dans ses romans; à l'inverse, elle reproche à André Breton sa « conception poétique » de la femme (autant vaudrait lui reprocher d'être poète), et constate qu'il « ne parle pas de la femme en tant qu'elle est sujet [1] » : n'est-ce pas là, de la part d'un homme, une marque d'honnêteté plutôt qu'un parti pris ? On peut préférer la théorie à la littérature et à l'art; mais si d'aucuns choisissent d'être écrivains ou artistes — et celles qui revendiquent ce même droit pour les femmes seraient mal venues de reprocher aux hommes d'en user —, pourquoi s'indigner qu'ils créent un univers poétique ou romanesque conforme aux limites auxquelles leur sexe les condamne ? Peut-on accuser Proust de consentir aux limites de sa subjectivité, et de ne voir dans les femmes ou les jeunes filles que les images qui se présentent à une conscience partie à la recherche d'elle-même ? A Barrès de les considérer comme la « part sentimentale » contenue dans les jeunes gens de son temps ? Ou à Robbe-Grillet de refléter le mythe de la femme comme une des obsessions les plus profondes du monde contemporain ? Ce n'est pas en émasculant le pouvoir de création de l'autre sexe que les femmes parviendront à conquérir le leur. L'indépendance artistique et littéraire de la femme sera réalisée à partir du moment où elle pourra, aussi librement que l'homme, créer son propre univers. Tant pis si fleurissent alors, aux côtés du mythe de la Femme et de l'Éternel féminin, un mythe de l'Homme et un Éternel masculin.

---

1. *Ibid.*

● CHAPITRE II

DE L'ANTIQUITÉ AU MOYEN AGE

LITTÉRATURE GRECQUE.

Il n'est guère d'auteurs grecs que le problème de la femme ait laissés indifférents. Aux admirables portraits féminins d'Homère (la mystérieuse Hélène, l'aimante et dévouée Andromaque, la pudique et gracieuse Nausicaa, Pénélope fidèle et méfiante, Euryclée bougonne et affectueuse) répondent les professions de foi misogynes d'Hésiode : « L'engeance maudite des femmes, écrit-il dans sa *Théogonie* (v. 591-592), terrible fléau installé au milieu des mortels »; la femme est chez Hésiode voleuse, coquette et infidèle. Aux utopies de Platon, qui confie aux femmes une place de choix dans sa *République* (« les femmes, est-il dit dans le livre V, auront la même éducation et les mêmes fonctions que les hommes »), répond la méfiance d'Aristote : la femme, si elle est plus accessible que l'homme à la pitié et a meilleure mémoire que lui, est aussi plus portée à l'envie, à la plainte et à l'injure, elle est moins digne de confiance et plus vite déçue, elle est plus circonspecte, plus embarrassée, et se détermine plus difficilement à l'action (cf. *Histoire des animaux*, LIX). A la belle figure de l'Antigone de Sophocle, à sa déchirante Déjanire des *Trachiniennes*, s'opposent les femmes d'Aristophane, dont le bavardage et la légèreté contiennent toutes les tares de la démocratie. Cette galerie des figures féminines, on la retrouve aussi diversifiée que possible dans le théâtre d'EURIPIDE : aux côtés de l'admirable Alceste, dévouée à son mari jusqu'à mourir pour lui, de la vieille Hécube, pathétique et solitaire, il y est question de jeunes Spartiates dévergondées, qui ne craignent pas de partager, cuisses nues et robes flottantes, les jeux de la palestre avec les jeunes gens; on voit aussi une Andromaque acariâtre et raisonneuse, une Hermione sotte et prétentieuse, et une Médée qui met sa science et son sang-froid au service du pire des forfaits. Il est vrai qu'Hermione est une Spartiate, et Médée une barbare...

LITTÉRATURE LATINE.

La littérature romaine de l'âge classique étonne par son austérité. Littérature d'hommes, bien entendu, elle est faite pour les hommes, et parle surtout des hommes. C'est au hasard de quelques lettres que nous devinons l'affection de CICÉRON pour sa fille Tullia, et que celle-ci devient un « personnage » de la littérature latine. Mais les discours, les traités, les commentaires de guerre, les recueils d'histoires dont se nourrissent aujourd'hui encore nos lycéens ne laissent pas apparaître, sinon au détour d'une phrase, une « conception » de la femme. Il faut attendre au Ier siècle avant J.-C. que de jeunes poètes renouent avec la tradition alexandrine pour que naisse un thème de la femme. CATULLE chante Lesbia, TIBULLE une nommée Délia, et PROPERCE Cynthia. Noms de pure convention littéraire : ces poèmes sont souvent précieux; ainsi *Le moineau de Lesbia*, où Catulle déplore la mort d'un oiseau pour chanter de façon détournée « les yeux charmants de (sa) mie ». La femme y est peinte suivant certaines conventions : fascinante et volage, elle inspire et torture tout à la fois l'âme du poète. « La femme que j'aime, écrit Catulle, dit qu'elle ne voudrait s'unir à nul autre que moi, même si Jupiter en personne la demandait. Elle le dit; mais ce qu'une femme dit à un amant passionné, il faut l'écrire sur le vent et sur l'eau fuyante », ou encore : « Vois où, par ta faute, ma Lesbia, est descendue mon âme, à quel point elle s'est perdue elle-même par sa fidélité : désormais, elle ne peut ni croire en toi, quand tu deviendrais la vertu même, ni cesser de t'aimer quand tu ferais le pire. » Les plaintes d'Ariane, cependant, dans *Les noces de Thétis et de Pélée*, fournissent la première figure de femme vraiment attachante de la littérature latine : l'Ariane de Catulle inspirera VIRGILE quand il prêtera à Didon, reine de Carthage, des accent passionnés qui constituent l'un des sommets de l'*Énéide* (chant IV).

Si OVIDE a le mérite, dans ses *Amours*, de reprendre la tradition élégiaque de la génération antérieure avec un ton de sincérité qu'on ne trouvait guère chez ses devanciers, l'évolution des mœurs au Iᵉʳ siècle après J.-C. donnera au thème de la femme une tout autre ampleur : l'émancipation féminine, poussée jusqu'à la débauche chez Messaline et quelques autres, inspirera à JUVÉNAL de sévères récriminations; mais la personnalité d'autres impératrices donnera aux historiens (Tacite ou Suétone) l'occasion de brosser des portraits de femmes qu'on ne trouvait guère chez leurs prédécesseurs. Véturie ou Lucrèce demeuraient chez TITE-LIVE des figures plus ou moins mythiques : Agrippine est pour TACITE un personnage fascinant et redoutable, directement responsable du destin de Rome. La puissance de la Phèdre ou de la Médée de SÉNÈQUE n'est peut-être pas étrangère, non plus, à cette importance accrue de la femme dans la société romaine.

La littérature chrétienne, cependant, va infléchir dans un tout autre sens le thème de la femme. La fonction maternelle se trouve rehaussée par le mystère de la Nativité : on en voit la trace, par exemple, dans les accents utilisés par SAINT AUGUSTIN pour parler de sa mère, sainte Monique, dans ses *Confessions*. Les vierges martyres deviennent, quant à elles, les héroïnes d'un important courant littéraire : le « martyre de sainte Eulalie », décrit dans le *Peristephanon* de PRUDENCE, atteint à une très haute poésie.

LE MOYEN AGE.

Sainte Eulalie inspirera encore la première œuvre écrite en langue romane (si l'on excepte les *Serments de Strasbourg*, dont l'intérêt littéraire est négligeable) : la *Séquence de sainte Eulalie*, écrite au IXᵉ siècle, « traduit l'émoi des foules pieuses et la confiance qu'elles mettaient dans le pouvoir des saints. La douce Eulalie, *buona pulcella*, est un modèle inimitable de vertu chrétienne[1] ». C'est pourtant un tout autre aspect de la femme qui va apparaître au travers de la **littérature épique**

_____
1. Robert Bossuat, *Le Moyen Age*, Del Duca, p. 12.

ou du **roman courtois** : la belle Aude dans *La chanson de Roland*, la reine Guenièvre dans le *Lancelot* de CHRÉTIEN DE TROYES sont des figures sommairement idéalisées, créées pour inspirer un amour où le héros puisera de nouvelles forces pour accomplir ses prouesses. Plus intéressante est la figure d'Yseult : elle est au même titre que Tristan, et de pair avec lui, victime d'un amour fatal. A plus forte raison Marie de France, notre premier grand écrivain féminin, accorde-t-elle aux dames, dans ses « **lais** », une importance égale à celle des seigneurs.

Les « **chansons de toile** » s'intéressent, les premières, à la femme pour elle-même; elles peignent des jeunes filles contrariées dans leurs désirs ou séparées de leurs amants. Une littérature religieuse se développe aussi, à la gloire de la Vierge : ainsi le *Stabat Mater* ou les *Plaintes de la Vierge*, où encore les multiples traductions des *Miracles de la Vierge*. La femme est moins bien traitée dans la **littérature bourgeoise,** qui naît à partir du XIIe siècle. Les « **fabliaux** » la représentent volontiers gourmande, bavarde, infidèle. Le *Jeu de Robin et de Marion* cependant, dont le thème est hérité des « pastourelles », montre une bergère d'une grâce exquise. La première partie du *Roman de la Rose*, enfin, reflète la vie galante de l'époque, et particulièrement des dames de la haute société du XIIIe siècle.

Au siècle suivant, les œuvres de CHRISTINE DE PISAN sont l'intéressant témoignage d'une femme qui écrit pour gagner son pain et qui traduit avec bonheur les conditions de vie des femmes de son époque. Témoignage plus fidèle, même s'il est de moindre valeur littéraire, que les poèmes galants d'ALAIN CHARTIER, ou que les tendres confidences, parfois précieuses, de CHARLES d'ORLÉANS. Il faut attendre VILLON pour que la femme soit chantée avec des accents qui touchent directement notre sensibilité moderne. Les *Regrets de la belle Heaulmière* nous entraînent bien loin de la galanterie à laquelle nous avaient accoutumés les autres poètes du Moyen Age : « Tous mes charmes s'en sont allés; ainsi s'en iront les vôtres, et de cette beauté qui vous rend si fières, que restera-t-il, quand ridées et décrépites, parcheminées, recroquevillées, vous évoquerez, la tête branlante, le bon temps qui ne reviendra plus. »

Nous nous en tenons ici aux auteurs dont la postérité s'est souvenue. Mais une foule d'écrits, au Moyen Age, louent, ou plus souvent critiquent, voire injurient la femme. Littérature de bas étage qui reprend trop mécaniquement les mêmes procédés et les mêmes rengaines pour qu'on y voie seulement un document intéressant. « En présence de ce fatras, écrit Émile V. Telle [1], — c'est bien le mot, car ces nombreux documents relatifs à ce que l'on est convenu d'appeler la querelle des femmes sont en général de piètres productions littéraires — il est hasardeux d'affirmer qu'en réalité nos ancêtres ont détesté les femmes. On ne peut nier certes qu'ils se soient plu à les maltraiter par la plume, mais encore faut-il se demander si la littérature est bien l'image exacte des mœurs et des sentiments de l'homme au Moyen Age. On peut répondre que non, et cette assertion est aussi valable pour la littérature médiévale que pour celle de toute autre époque. »

● La femme dans l'antiquité

LA BELLE HÉLÈNE

> En quittant le domicile conjugal pour suivre le Troyen Pâris Alexandre, Hélène, reine de Sparte, a provoqué la coalition de toutes les cités grecques contre Troie. Hélène représente la beauté, et quand, au chant III de l'*Iliade*, elle monte sur les remparts pour assister au combat singulier que vont se livrer entre eux Ménélas, son époux, et son amant Pâris, les vieillards de Troie l'admirent et comprennent que Grecs et Troyens souffrent de si longs maux pour une telle femme. Ménélas l'emporte sur son adversaire, mais Aphrodite, déesse de l'amour et protectrice de Pâris Alexandre, sauve la vie de son protégé et, déguisée en vieille femme, vient trouver Hélène pour l'inviter à rejoindre Pâris dans sa chambre.

Pour parler à Hélène, elle a pris l'aspect d'une vieille d'autrefois, d'une fileuse qui, lorsqu'elle habitait à Lacédémone, exécutait pour elle de beaux ouvrages en laine et qu'elle aimait chèrement. Sous ces traits la divine Aphrodite lui dit :
« Viens avec moi : Alexandre t'invite à rentrer

---

1. E. V. Telle, *L'Œuvre de Marguerite d'Angoulême, reine de Navarre, et la querelle des femmes*, Lion, Toulouse, 1937.

chez toi. Il est dans sa chambre, sur le lit fait au tour. Sa beauté luit autant que sa parure. Tu ne pourrais croire qu'il vient de livrer un combat singulier, mais plutôt qu'il se rend au bal, ou que, revenu à l'instant du bal, il repose. »

Elle dit et émeut le cœur d'Hélène en sa poitrine. Elle a reconnu la gorge merveilleuse de la déesse, sa poitrine désirable, ses yeux de lumière, et, saisie de stupeur, elle lui parle en l'appelant de tous ses noms :

« Ah ! folle ! pourquoi ce besoin de me séduire ? Prétends-tu donc m'emmener plus loin encore, dans quelque bonne cité de la Phrygie ou de l'aimable Méonie, parce que, là aussi, tu as un favori parmi les mortels ? Alors, parce que Ménélas a aujourd'hui vaincu le divin Alexandre, et parce qu'il souhaite de ramener à son foyer la misérable que je suis, te voilà aujourd'hui encore à mes côtés, pleine de desseins perfides ! Mais va donc t'installer chez lui, abandonne les routes des dieux; ne permets plus à tes pas de te ramener dans l'Olympe, et apprends à te tourmenter pour lui, à veiller sur lui sans répit, jusqu'au moment où il fera de toi sa femme, voire son esclave ! Non je n'irai pas — on trouverait la chose trop mauvaise — je n'irai pas là-bas préparer son lit. Les Troyennes désormais se railleraient toutes de moi, et j'ai déjà au cœur des peines infinies. »

Homère, *Iliade*, chant III, v. 386-412 (trad. Paul Mazon, coll. « Les portiques », Club français du Livre, 1954).

— La rébellion d'Hélène contre Aphrodite est la rébellion contre une certaine conception de l'amour et de la femme. Hélène refuse — pour un temps — de jouer auprès de Pâris le rôle de « repos du guerrier ». Étudier dans le texte les manifestations de cette révolte.

— Pour une étude plus complète du personnage d'Hélène, se reporter à *Iliade*, chant II (v. 590), chant VI (v. 342-368), chant XXIV (v. 761-776), et *Odyssée*, chant IV (v. 120-289).

LE PLUS CHER DES OBJETS

Hérodote, historien grec du Ve siècle avant J.-C., était aussi un moraliste. Ses *Histoires* fourmillent de contes qui nous renseignent de manière instructive et amusante sur les mœurs de son époque.

Ariston, du temps qu'il était roi de Sparte, avait épousé deux femmes sans en avoir d'enfants ; n'admettant pas que lui-même fût cause de cette stérilité, il en épousa une troisième, dans les conditions que voici.

Il avait pour ami un Spartiate à qui il était attaché plus qu'à tout autre citoyen. Cet homme avait pour épouse la femme qui, de beaucoup, était la plus belle de Sparte, et cela après être devenue de très laide très belle. Car sa nourrice, qui la voyait physiquement disgraciée, — cet enfant à la vilaine figure était la fille de gens riches, — et qui voyait aussi ses parents prendre mal leur parti de sa disgrâce, après avoir constaté tout cela, avait eu cette idée : tous les jours elle la portait à la chapelle d'Hélène, qui est au lieu appelé Thérapné [1], au-dessus du temple de Phoibos [2] ; et, chaque fois qu'elle l'y avait portée, elle la présentait debout à la statue divine, priant la déesse de guérir l'enfant de sa laideur. Or, un jour qu'elle revenait de la chapelle, une femme se montra à elle, et cette femme qui se montra ainsi lui demanda ce qu'elle portait dans ses bras ; elle lui dit que c'était une enfant ; la femme l'invita à la lui montrer ; elle refusa, car les parents, dit-elle, lui avaient interdit de la laisser voir à personne. La femme insista vivement pour qu'elle la lui montrât ; et la nourrice, voyant que cette femme tenait tant à la voir, finit par la lui montrer. La femme caressa la tête de l'enfant,

---

1. Résidence des anciens rois achéens, où étaient ensevelis, disait-on, Ménélas et Hélène.
2. Nom grec de Phébus (Apollon).

et déclara que ce serait la plus belle de toutes les femmes de Sparte. A partir de ce jour, l'enfant changea effectivement de figure ; et, quand ce fut une fille arrivée à l'âge de se marier, elle fut épousée par Agétos fils d'Alkeidès, l'ami d'Ariston dont j'ai parlé. Ariston était blessé d'amour pour cette femme ; voici donc ce qu'il combina. Il promit à l'ami dont elle était l'épouse de lui donner en présent l'objet que celui-ci choisirait dans toutes ses appartenances, et il invita son ami à en faire autant, réciproquement, pour lui-même. Agétos, sans inquiétude au sujet de sa femme, parce qu'il voyait qu'Ariston en avait une aussi, consentit ; et ils s'obligèrent par des serments à tenir ces promesses. Après quoi Ariston, de son côté, donna à Agétos l'objet, — il fut ce qu'il fut —qu'Agétos choisit dans ses trésors ; et, quand lui-même chercha en retour à emporter de chez Agétos l'objet de son choix, il prétendit emmener la femme de son ami. Agétos protesta qu'il avait consenti à tout sauf à cela ; obligé cependant par son serment et par la fallacieuse manœuvre d'Ariston, il la lui laissa emmener. C'est ainsi qu'Ariston avait épousé sa troisième femme, après avoir renvoyé la seconde.

Hérodote, *Histoires*, Livre VI (trad. Ph.-E. Legrand, coll. « Les portiques », Club français du Livre 1957, pp. 480-481).

POUR UN POUVOIR FÉMININ

Aristophane, le plus célèbre des poètes comiques grecs (Ve-IVe s. av. J.-C.), avait déjà raillé les prétentions des femmes à gouverner les affaires dans une précédente comédie intitulée *Lysistrata*. Tout autant que le « féminisme » de l'époque, c'est la démocratie qu'Aristophane tourne en ridicule dans *L'assemblée des femmes*. Le décor représente une rue d'Athènes, avec, au premier plan, la maison de Praxagora et de son mari Blépyros. Au lever du jour, Praxagora sort de chez elle, habillée en homme, un bâton à la main, et portant une lampe allumée. Elle agite la lampe, qui doit servir de signal aux autres femmes, et harangue le peuple.

PRAXAGORA. — C'est vous, ô peuple, qui êtes cause de tout cela. Car, recevant en salaires l'argent public, vous n'avez en vue que votre intérêt particulier, chacun songeant à ce qu'il gagnera ; et l'État, comme Esimos [1], va cahin-caha. Si donc vous m'en croyez, vous pouvez encore être sauvés. C'est aux femmes, dis-je, qu'il nous faut abandonner la cité. Aussi bien, dans nos maisons, leur confions-nous les fonctions de surveillantes et d'intendantes.

TOUTES. — Bravo ! Bravo ! par Zeus, bravo ! Parle, parle, mon brave.

PRAXAGORA. — Que leurs mœurs valent mieux que les nôtres [2], c'est ce que je montrerai. Car tout d'abord elles trempent leurs laines dans l'eau chaude à la mode antique, toutes tant qu'elles sont, et on ne les verra pas essayer de changer. Or, la cité des Athéniens, quand même elle se trouverait bien de quelque pratique, ne se croirait pas sauvée si elle ne s'ingéniait à faire quelque innovation. Elles font leurs grillades, assises comme avant ; elles portent des fardeaux sur la tête comme avant ; elles célèbrent les Thesmophories comme avant ; elles font cuire les gâteaux comme avant ; elles embêtent leurs maris comme avant ; elles ont des amants au logis comme avant ; elles aiment le vin pur comme avant [...]. A elles donc, ô hommes, confions l'État, sans ergoter ; et ne nous demandons pas ce qu'elles vont faire, mais laissons-les bonnement gouverner. Considérons seulement ceci : d'abord qu'étant mères elles auront à cœur de sauver les soldats. Ensuite, pour ce qui est des vivres, qui mieux qu'une mère en pressera l'envoi ? Pour se procurer de l'argent rien de plus ingénieux qu'une femme ; au pouvoir, elle ne sera jamais dupée ; car elles-mêmes sont habituées à tromper. Le reste, je le passe. Si là-dessus vous m'en croyez, dans le bonheur vous coulerez votre existence.

Aristophane, *L'assemblée des femmes* (trad. Hilaire Van Daele ; coll. « Les portiques », Club français du Livre, 1956, pp. 781-782).

1. Homme méprisé et boiteux.
2. N'oublions pas que Praxagora est déguisée en homme !

— Les arguments de Praxagora, par lesquels Aristophane prétend tourner en dérision les prétentions des femmes, vous paraissent-ils être tous également mauvais ou ridicules ?

— *A lire* : Aristophane, *Lysistrata* ; Platon, *République*, livre V (où certaines des idées qui paraissent grotesques à Aristophane sont exposées le plus sérieusement du monde par Platon ; peut-être les attaques d'Aristophane contre le « féminisme » sont-elles aussi virulentes parce qu'elles visent un courant déjà puissant à son époque, et représenté par des esprits aussi autorisés que Platon ? On sait qu'Aristophane ne s'est pas gêné pour ridiculiser, dans *Les nuées*, Socrate, le maître de Platon).

PÉDANTES ET COQUETTES

La satire VI de Juvénal, poète latin (Ier-IIe s. ap. J.-C.) est sans doute l'une des plus féroces diatribes qui aient jamais été écrites contre les femmes. Son ami Postumus lui ayant annoncé son intention de se marier, Juvénal lui demande s'il est devenu fou. Où trouver de nos jours une femme qui soit chaste ? Et Juvénal d'énumérer les vices et les travers de l'autre sexe : luxure, vanité, avarice, dépravations de toutes sortes ; le pédantisme et la coquetterie dont il est question dans ce passage sembleraient, à première vue, les moindres défauts d'une liste impressionnante : qu'on juge pourtant de la violence avec laquelle Juvénal les dénonce !

Plus assommante encore est cette autre qui, à peine à table, loue Virgile, justifie Didon prête à mourir, met les poètes en parallèle, les compare, suspend dans la balance Virgile d'un côté, Homère de l'autre. Les grammairiens mettent bas les armes, les rhéteurs s'avouent vaincus, tout le monde fait silence. Impossible à un avocat, à un crieur public, à une femme même, de placer un mot, tant est dru le flot de ses paroles. On dirait un tintamarre de chaudrons et de clochettes. Plus n'est besoin de tourmenter les trompettes et les cuivres : à elle seule, elle saura secourir la lune en détresse[1] [...]. Puisse la femme

---

1. Allusion à une méthode magique par laquelle les Romains croyaient pouvoir remédier aux éclipses.

qui partage ta couche n'avoir pas de style à elle, ne pas décocher en phrases arrondies l'enthymème[1] tortueux, ignorer quelque chose en histoire et ne pas comprendre tout ce qu'elle lit ! J'abhorre une femme qui reprend et déroule sans cesse la *Méthode* de Palaemon[2], sans manquer jamais aux règles du langage ; qui, férue d'érudition, me cite des vers que je ne connais pas, et qui relève chez une amie ignorante des fautes auxquelles des hommes ne feraient pas attention. Je veux qu'un mari puisse se permettre de lâcher un solécisme.

Une femme se passe tout, rien ne lui paraît honteux, du moment qu'elle peut se mettre au cou un collier d'émeraudes et suspendre de grands pendants à ses oreilles distendues. Rien de plus intolérable qu'une femme riche. Risible et hideuse à voir, sa face est gonflée d'une couche épaisse de mie de pain, ou bien elle exhale l'odeur de la pommade Poppée : c'est à cette glu que se prennent les lèvres du pauvre mari. Pour l'amant, on se lave la peau ! Est-ce qu'on se préoccupe de se faire belle au logis ? C'est pour les galants que se fabriquent les essences et qu'on achète les parfums que vous nous expédiez, maigres Indiens. Mais, la voici qui débarrasse son visage et met de côté la première couche : on commence à la reconnaître. Ensuite, elle le baigne dans ce lait pour lequel elle se ferait suivre d'un troupeau d'ânesses jusqu'au pôle hyperboréen, si elle y était exilée. Je le demande ce visage sur lequel il faut appliquer et renouveler tous ces ingrédients, ces cataplasmes humides de farine cuite, doit-on l'appeler un visage, ou un ulcère ?

> Juvénal, *Satire* VI, v. 434-473 (trad. Pierre de Labriolle et François Villeneuve ; « Les Belles Lettres », 1951).

— Comparer avec Molière, *Les femmes savantes*, acte II, sc. VII, v. 558-614.

---

1. Forme de syllogisme.
2. Grammairien latin contemporain ; l'équivalent de ce que sera Vaugelas au temps de Molière.

● La femme dans la littérature chrétienne et au Moyen-Age

CONTRE LA PARURE DES FEMMES

Avec une sévérité à peine inférieure à celle de Juvénal, mais dans un esprit et dans un style bien différents, Tertullien (ɪɪᵉ-ɪɪɪᵉ s. ap. J.-C.), apologiste chrétien considéré comme hérétique, s'en prend lui aussi aux artifices auxquels les femmes ont recours pour séduire les hommes.

Une chrétienne belle de nature ne doit pas être occasion de trouble. Si elle l'est pourtant, elle ne doit pas se prêter au jeu, mais s'en empêcher.

Je vous parlerai comme à des païennes, j'invoque ce précepte commun à toutes les nations : vous ne devez plaire qu'à vos maris. Et vous ne leur plairez qu'autant que vous ne plairez pas à d'autres. Rassurez-vous, mes bien-aimées : aucune femme n'est laide pour son mari. Ne la trouvait-il pas assez bien, lorsqu'il l'a choisie, séduit par sa beauté ou son caractère ? Ne croyez pas qu'en vous parant moins, vous attirerez sa haine ou son dégoût. Tout mari exige la chasteté. Chrétien, il n'a cure de la beauté, car nous ne sommes pas séduits par ce que les païens considèrent comme des privilèges. Païen, il va jusqu'à soupçonner ta beauté, avec l'esprit mal tourné des païens à notre égard. Pour qui soignes-tu ta beauté ? Pour un chrétien ? Il ne l'exige pas. Pour un païen ? Il s'inquiète d'une beauté qui n'est pas naturelle. Pourquoi t'acharner à plaire à un méfiant ou à un indifférent ?

Tertullien, *La parure des femmes*, livre II, trad. de France Quéré-Jaulmes d'après l'édition du *Corpus Christianorum* (cité dans *La femme*, les grands textes des pères de l'Église, édit. du Centurion, 1968, pp. 145-146).

> — Ce texte de Tertullien présente toute la rigueur d'un raisonnement. Vous vous efforcerez d'en dégager les prémisses et les conclusions, de voir dans quelle mesure les secondes découlent logiquement des premières, et dans quelle mesure vous acceptez les unes et les autres.
>
> — Vous réfléchirez à cette formule de Tertullien : « Les beautés de la nature sont l'œuvre de Dieu, celles de l'artifice sont l'œuvre du diable. »

LA FEMME PÉCHERESSE

Héloïse (1101-1164), épouse du célèbre théologien Abélard, fut bientôt séparée de lui et entra au couvent. Les deux époux échangèrent alors une correspondance (écrite en latin) demeurée célèbre. Le passage suivant donne une idée intéressante d'une certaine conception de la femme, fort répandue au Moyen Age et peut-être encore de nos jours, suivant laquelle la femme aurait une part supérieure à celle de l'homme dans la faute originelle.

Malheureuse que je suis, d'être venue au monde pour être la cause d'un si grand crime ! Les femmes seront donc toujours le fléau des grands hommes ! Voilà pourquoi il est écrit dans les *Proverbes*, afin qu'on se garde de la femme : « Maintenant, mon fils, écoute-moi, et sois attentif aux paroles de ma bouche. Que ton cœur ne se laisse pas entraîner dans les voies de la femme; ne t'égare pas dans ses sentiers; car elle en a renversé et fait tomber un grand nombre : les plus forts ont été tués par elle. Sa maison est le chemin des enfers, elle conduit aux abîmes de la mort. » Et dans l'*Ecclésiaste :* « J'ai considéré toute chose avec les yeux de mon âme, et j'ai trouvé la femme plus amère que la mort; elle est le filet du chasseur; son cœur est un piège, ses mains sont des chaînes : celui qui est agréable à Dieu lui échappera, mais le pécheur sera sa proie. »

Dès l'origine du monde, la première femme a fait bannir l'homme du paradis terrestre; et celle qui avait été créée par le Seigneur pour lui venir en aide a été l'instrument de sa perte. Ce puissant Nazaréen, cet homme du Seigneur dont un ange avait annoncé la naissance, c'est Dalila seule qui l'a vaincu [1]; c'est elle qui le livra à ses ennemis, le priva de la vue et le réduisit à un tel désespoir, qu'il finit par s'ensevelir lui-même sous les ruines du temple avec ses ennemis. Le sage des sages, Salomon, ce fut la femme à laquelle il s'était uni qui lui fit perdre la raison et qui le précipita dans un tel excès de folie, que lui, que le Seigneur avait pourtant choisi pour bâtir son temple, de préférence à David, son père, qui pourtant était juste, il tomba dans l'idolâtrie et y resta plongé jusqu'à la fin de ses jours : infidèle au culte du vrai Dieu, dont il avait, par ses écrits, par ses discours, célébré les enseignements [2]. Ce fut contre sa femme, qui l'excitait au blasphème, que Job, ce saint homme, eut à soutenir le dernier et le plus rude des combats. Le malin tentateur savait bien, il avait mainte fois reconnu par l'expérience cette vérité, que les hommes ont toujours, dans leur femme, une cause de ruine toute prête. C'est lui enfin qui, étendant jusqu'à nous sa malice accoutumée, a perdu par le mariage celui qu'il n'avait pas perdu par la fornication; il a fait le mal avec le bien, n'ayant pu faire le mal avec le mal.

> Héloïse à Abélard, *Lettre troisième*, trad. d'Octave Gréard (Bibliothèque de Cluny, Armand Colin, 1959, (pp. 108-110).

— Cette tradition de la femme pécheresse, cause de malheur et de perdition pour l'homme, se retrouve jusque dans la période contemporaine. Voir A. de Vigny, *Les destinées*, *La colère de Samson*.

— Comparer avec *Mystère de la femme éternelle* (p. 187).

---

1. Ce puissant Nazaréen est évidemment Samson. Voir dans la Bible le livre des Juges (XIII-XVII).
2. Suivant la tradition, ce ne serait pas *une* femme, mais plusieurs femmes étrangères de son harem qui auraient entraîné Salomon dans l'idolâtrie. Salomon serait l'auteur des trois livres canoniques de la bible : les *Proverbes*, l'*Ecclésiaste* et le *Cantique des cantiques*.

LE PETIT DÉMON DU FOYER[1]

> « Histoire et roman » : c'est ainsi que Roland Barthes caractérisait *La sorcière*, de l'historien Jules Michelet (1798-1874), dans la préface de son édition du Club français du Livre. En étudiant ce que représentait la sorcière dans la société du Moyen Age, Michelet dressait un violent réquisitoire contre l'obscurantisme de l'ancien régime, mais, au-delà, il chantait la femme dans un admirable hymne d'amour. « Nature les fait sorcières » écrivait-il dans son Introduction. « C'est le génie propre à la Femme et à son tempérament. Elle naît Fée. Par le retour régulier de l'exaltation, elle est Sibylle. Par l'amour, elle est Magicienne. Par sa finesse, sa malice (souvent fantasque et bienfaisante), elle est Sorcière et fait le sort, du moins endort, trompe les maux. »

Les premiers siècles du Moyen Age où se créèrent les légendes ont le caractère d'un rêve. Chez les populations rurales, toutes soumises à l'Église, d'un doux esprit (ces légendes en témoignent), on supposerait volontiers une grande innocence. C'est, ce semble, le temps du Bon Dieu. Cependant les *Pénitentiaires*, où l'on indique les péchés les plus ordinaires, mentionnent des souillures étranges, rares sous le règne de Satan.

C'était l'effet de deux choses, de la parfaite ignorance, et de l'habitation commune qui mêlait les proches parents. Il semble qu'ils avaient à peine connaissance de notre morale. La leur, malgré les défenses, semblait celle des patriarches, de la haute Antiquité, qui regarde comme libertinage le mariage avec l'étrangère, et ne permet que la parente. Les familles alliées n'en faisaient qu'une. N'osant encore disperser leurs demeures dans les déserts qui les entouraient, ne cultivant que la banlieue d'un palais mérovingien ou d'un monastère, ils se réfugiaient chaque soir avec leurs bestiaux sous le toit d'une vaste *villa*. De là des inconvénients analogues à ceux de l'*ergastulum*

---

1. Titre donné par Michelet à l'ensemble du chapitre, dont nous ne reproduisons ici que le début.

antique, où l'on entassait les esclaves. Plusieurs de ces communautés subsistèrent au Moyen Age et au-delà. Le seigneur s'occupait peu de ce qui en résultait. Il regardait comme une seule famille cette tribu, cette masse de gens « levants et couchants ensemble », — « mangeant à un pain et à un pot ».

Dans une telle indistinction, la femme était bien peu gardée. Sa place n'était guère haute. Si la Vierge, la femme idéale, s'éleva de siècle en siècle, la femme réelle comptait bien peu dans ces masses rustiques, ce mélange d'hommes et de troupeaux. Misérable fatalité d'un état qui ne changea que par la séparation des habitations, lorsqu'on prit assez de courage pour vivre à part, en hameau, ou pour cultiver au loin des terres fertiles et créer des huttes dans les clairières des forêts. Le foyer isolé fit la vraie famille. Le nid fit l'oiseau. Dès lors, ce n'étaient plus des choses, mais des âmes... La femme était née.

Moment fort attendrissant. La voilà *chez elle*. Elle peut donc être pure et sainte, enfin, la pauvre créature. Elle peut couver une pensée, et, seule, en filant, rêver, pendant qu'il est à la forêt. Cette misérable cabane, humide, mal close, où siffle le vent d'hiver, en revanche, est silencieuse. Elle a certains coins obscurs où la femme va loger ses rêves.

Maintenant, elle possède. Elle a quelque chose à elle. —La *quenouille*, le *lit*, le *coffre*, c'est tout, dit la vieille chanson [1]. — La table s'y ajoutera, le banc, ou deux escabeaux... Pauvre maison bien dénuée ! mais elle est meublée d'une âme. Le feu l'égaye ; le buis bénit protège le lit, et l'on y ajoute parfois un joli bouquet de verveine. La dame de ce palais file, assise sur sa porte, en surveillant quelques brebis. On n'est pas encore assez riche pour avoir une vache, mais cela viendra à la longue, si Dieu bénit la maison. La forêt, un peu de pâture, des abeilles sur la lande,

---

1. Trois pas du côté du banc,
    Et trois pas du côté du lit.
    Trois pas du côté du coffre,
    Et trois pas. Revenez ici.

    (*Vieille chanson du maître de danse*)
    (Note de Michelet.)

voilà la vie. On cultive peu de blé encore, n'ayant nulle sécurité pour une récolte éloignée. Cette vie, très indigente, est moins dure pourtant pour la femme; elle n'est pas brisée, enlaidie, comme elle le sera aux temps de la grande agriculture. Elle a plus de loisir aussi... Ne la jugez pas du tout par la littérature grossière des Noëls et des fabliaux, le sot rire et la licence des contes graveleux qu'on fera plus tard. — Elle est seule. Point de voisine. La mauvaise et malsaine vie des noires petites villes fermées, l'espionnage mutuel, le commérage misérable, dangereux, n'a pas commencé. Point de vieille qui vienne le soir, quand l'étroite rue devient sombre, tenter la jeune, lui dire qu'on se meurt d'amour pour elle. Celle-ci n'a d'ami que ses songes, ne cause qu'avec ses bêtes ou l'arbre de la forêt.

Ils lui parlent; nous savons de quoi. Ils réveillent en elle les choses que lui disait sa mère, sa grandmère, choses antiques, qui, pendant des siècles, ont passé de femme en femme. C'est l'innocent souvenir des vieux esprits de la contrée, touchante religion de famille, qui, dans l'habitation commune et son bruyant pêle-mêle, eut peu de force sans doute, mais qui *revient* et qui hante la cabane solitaire.

Monde singulier, délicat, des fées, des lutins, fait pour une âme de femme. Dès que la grande création de la Légende des saints s'arrête et tarit, cette légende plus ancienne et bien autrement poétique vient partager avec eux, règne secrètement, doucement. Elle est le trésor de la femme, qui la choie et la caresse. La fée est une femme aussi, le fantastique miroir où elle se regarde embellie.

J. Michelet, *La sorcière*, I, 3.

— Relever les éléments de ce passage qui font de Michelet non seulement un historien, mais un poète de la femme.

— D'une vision abstraite de la femme, on passe progressivement à un tableau vivant sous nos yeux : montrer comment s'opère le passage, et l'intérêt qu'il présente.

— D'après Michelet, c'est en *possédant* que la femme

accède à l'existence; vous réfléchirez à cette idée, en l'étendant éventuellement à d'autres notions et à d'autres époques (affranchissement de la femme dans le monde moderne, libération des esclaves dans l'Antiquité ou des serfs au Moyen Age, des ouvriers à l'ère industrielle...)

● CHAPITRE III

DE LA RENAISSANCE AU CLASSICISME

XVIᵉ SIÈCLE

La « querelle des femmes » se poursuit au début du XVIᵉ siècle sous sa forme moyenâgeuse. Elle « reste en grande partie une querelle de mots; mais on ne peut nier qu'elle présente des symptômes de bon sens et de modernité qui laissent deviner les justes revendications des femmes de la Renaissance : 1º le respect des hommes; 2º la fidélité du mari; 3º la réhabilitation du mariage; 4º le droit à l'étude. Voilà ce que réclame la femme de 1550 : ce n'est plus une logomachie, c'est une *Querelle des Femmes*, la leur, au nom de leurs droits aussi bien que de leurs devoirs d'épouse [1] ».

LOUISE LABÉ y joue à sa façon un rôle important. « Estant le tems venu, écrit-elle, que les sévères loix des hommes n'empeschent plus les femmes de s'appliquer aus sciences et disciplines : il me semble que celles qui ont la commodité, doivent employer cette honneste liberté que notre sexe ha autrefois tant desirée, à icelles aprendre : et montrer aus hommes le tort qu'ils nous faisoient en nous privant du bien et de l'honneur

---

1. E. V. Telle, *op. cit.*, in Introduction du chapitre II (le Moyen Age).

qui nous en pouvoit venir. » Louise Labé donne l'image d'une courtisane qui a su s'émanciper et braver l'opinion. Mais MARGUERITE D'ANGOULÊME ne demande rien d'autre, dans son *Heptaméron*, que l'égalité des droits de l'épouse et du mari. Comme Thomas More, dans l'*Utopie*, voulait imposer aux hommes la chasteté avant le mariage et réprimer l'adultère masculin, elle souhaiterait que les lois fussent identiques pour les deux sexes. E. V. Telle cite dans son ouvrage un très joli passage de l'*Heptaméron*, où il croit entendre la reine exposer ses propres griefs à son époux Henri de Navarre : « Et combien que la loy des hommes, y dit-elle notamment, donne si grand deshonneur aux femmes qui ayment autres que leurs maris, si est-ce que la loy de Dieu n'exempte point les maris qui ayment autres que leurs femmes. »

E. V. Telle en convient pourtant : « Aux féministes d'aujourd'hui, le "féminisme " de la reine de Navarre paraîtra certainement bien passif, velléitaire, " vieux jeu ". » Si certains poèmes de MAROT ou quelques passages du *Tiers Livre* de RABELAIS soulèvent aussi la question du mariage, et laissent entrevoir au-delà l'opinion de leur auteur sur les femmes, c'est sous un tout autre aspect que nous apparaît le plus souvent le thème de la femme dans la littérature du XVIe siècle. Le poète italien Pétrarque, qui deux siècles plus tôt chantait Laure de Noves dans ses sonnets, a fait des émules. MAURICE SCÈVE crut découvrir en Avignon le tombeau de Laure; il devait chanter plus tard dans une suite de dizains *Délie, objet de plus haute vertu*, figure idéale, sorte d'Éternel féminin. C'est Pétrarque encore qui inspire RONSARD dans ses *Amours de Cassandre ;* mais les *Amours de Marie* (dédiés à une modeste paysanne) et même les *Sonnets pour Hélène* (pourtant commandés à Ronsard par Catherine de Médicis en hommage à sa fille d'honneur Hélène de Surgères) témoignent d'une plus grande sincérité. L'influence des Anciens est sans doute visible : les noms mêmes de Cassandre et d'Hélène invitaient Ronsard à rattacher son inspiration aux légendes d'Homère; mais par des poèmes comme *Mignonne, allons voir si la rose...*, *Comme on voit sur la branche...*, ou *Quand vous serez bien vieille...*, Ronsard est passé à la postérité comme l'un des plus authentiques poètes de la femme de notre littérature.

Le thème de la femme se confond parfois dans l'histoire de la littérature avec le thème de l'amour. Confusion révélatrice : elle témoigne que dans une littérature essentiellement masculine, la femme est réduite à la fonction, au mieux à l'idéal, qu'elle peut représenter pour l'autre sexe. Un roman comme l'*Astrée* d'HONORÉ D'URFÉ présente moins des femmes animées que les supports de tel ou tel sentiment amoureux. A plus forte raison les *poètes précieux* jouent-ils à faire de la femme l'objet de leurs vœux, et à chanter ses charmes par allusions ou par métaphores, bref à ignorer ce qui dans la femme est femme. Leurs jeux influencent d'ailleurs le vocabulaire des meilleurs auteurs, qui considèrent couramment la femme comme un « objet »;

Corneille :

> « Non, non, ce cher objet à qui j'ai pu déplaire,
> Ne peut pour mon supplice avoir trop de colère. »
> (*Le Cid*, III, I.)
> « O trop aimable objet qui m'avez trop charmé. »
> (*Polyeucte*, II, 2.)

Molière :

> « Et dans l'objet aimé tout leur devient aimable. »
> (*Le Misanthrope*, II, 5.)

ou Racine :

> « Volage adorateur de mille objets divers. »
> (*Phèdre*, II, 6.)

Ce courant important de la littérature du XVIIe siècle (sous le règne de Louis XIII en particulier) ne doit pas nous faire oublier la place accordée par de nombreux auteurs à la femme en tant que telle : si l'idée même d'une « nature humaine » fait passer chez certains esprits les différences de sexe au second plan (ainsi BOSSUET, dans les *Oraisons funèbres* d'Henriette de France ou d'Henriette d'Angleterre, s'intéresse, au-delà d'un personnage féminin, aux leçons que reçoit de Dieu l'homme en général), chez d'autres, en revanche, les problèmes de la femme tiennent souvent la vedette : chez MME DE SÉVIGNÉ (plutôt d'ailleurs parce qu'elle parle d'elle-même naturellement que parce qu'elle s'interroge sur sa condition de femme), dans les

Caractères de La Bruyère (où un long et important chapitre est consacré aux femmes) ou dans le traité *De l'éducation des filles* de Fénelon, ou plus encore dans le théâtre de Molière. On a fait quelquefois de notre plus grand auteur comique un « anti-féministe ». Mais s'il raille la préciosité des femmes de son temps (*Les précieuses ridicules*) ou leurs prétentions à la science (*Les femmes savantes*), il n'est souvent pas plus tendre pour des défauts caractéristiques de l'autre sexe. L'idéal « pot-au-feu » de Chrysale, dans *Les femmes savantes*, à plus forte raison celui d'Arnolphe, dans *L'école des femmes*, ne sauraient passer pour celui de l'auteur. Surtout, Molière ne montre aucune indulgence pour la désinvolture avec laquelle Don Juan réduit ses conquêtes à des objets de plaisir. L'Agnès de *L'école des femmes*, enfin, est un chef-d'œuvre de psychologie féminine : l'éveil de cette adolescente à la vie et à l'amour recueille de toute évidence la sympathie et la tendresse de son auteur.

Psychologie féminine : on en trouve un autre bel exemple dans *La princesse de Clèves* de Mme de Lafayette. En étudiant la naissance de la passion chez son héroïne, sa pudeur, sa loyauté, son renoncement, Mme de Lafayette a donné à la littérature romanesque française sa première grande figure féminine. C'est pourtant un homme, Racine, qui apparaît au xviie siècle comme le plus grand poète de la femme. On ne trouvera pas d'extrait de ses pièces dans ce recueil. Il ne s'agit pas d'un oubli. Pour traiter la femme comme un « thème », il faut l'envisager avec un certain recul. Or, il nous paraît faux de prétendre, comme on l'a fait souvent, que le théâtre de Racine est visiblement celui d'un amoureux. Si l'on excepte Junie, que l'on découvre dans *Britannicus* par les yeux de Néron, il semble que Racine ne fasse qu'un avec ses héroïnes. Il ne *parle* pas de la femme, parce qu'il *est* femme. Phèdre dans sa passion, Hermione dans sa jalousie, Andromaque dans son abnégation ne rappellent pas explicitement qu'elles agissent en tant que femmes : mais on ne peut lire dix vers de leurs rôles sans être sensible à la féminité profonde de leurs accents. Nous avons signalé dans l'avant-propos de notre recueil les ambiguïtés du thème de la femme : peut-on faire un objet de qui prétend être sujet ? L'œuvre de Racine, en partie il est vrai parce qu'elle est théâtrale, échappe à cette question. Nous oublions qu'elle a été écrite par un homme, et elle exprime, en faisant de leurs rapports et de leurs affrontements son principal sujet, la nature profonde des deux moitiés du genre humain.

● **Poésie de la femme**

BLASONS DU CORPS FÉMININ

Un blason, « c'est par essence un poème qui vise, non pas à décrire, mais à évoquer parmi les créatures d'un monde esthétique, dont le poète est l'artisan tyrannique, une chose, une couleur, un contour, une notion » (Albert-Marie Schmidt). Le *Blason du beau tetin*, de Marot, a inauguré toute une série de blasons exaltant telle ou telle partie du corps féminin; c'est un véritable concours qui va s'instituer entre plusieurs poètes du XVIᵉ siècle, et dont les conséquences inquiètent Marot lui-même : il conjure ses émules de « ne pas s'intéresser aux attraits féminins que les bonnes mœurs commandent de voiler ». En vain. Les deux blasons que nous citons ici respectent les recommandations de Marot, mais ne reflètent qu'infidèlement la poésie d'un siècle beaucoup moins prude que ceux qui allaient suivre.

LA BOUCHE (extrait)

Bouche vermeille, Bouche ronde,
Bouche au dire et faire faconde
Autant, ou plus, qu'autre qui vive.
Bouche digne, de grace vive,
Bouche garnie par dedans
De deux rateaux de blanches dens.
Bouche sans nulle tache noire,
Blanche, dy je, plus que l'ivoire,
Bouche à qui fuz autant fidelle
Comme elle est amiable et belle,
Bouche où n'y a chose à redire,
Sinon d'accorder, et me dire :
Amy je suis Bouche pour toy,
Puis que tu as le cueur pour moy :
Et vueil pour ton mal appaiser
Que de moy sentes un baiser.
Dy Bouche, Bouche, en me baisant
Ce que tu dis en te taisant,

La femme

Lors auray le bien que merite
Le mal que pour moy me herite [1]
En esprit, en ame et en corps
Sans tel espoir : si sçauray lors,
O Bouche à bien parler propice,
Que mieulx encor fais l'autre office,
Donnant en fin le demourant [2]
Qu'on ne prend jamais qu'en mourant.

Victor Brodeau.

LE CŒUR

Cueur gracieux, cueur loyal et benin,
Sis au milieu du gent corps feminin,
Cueur amoureux ennemy de rigueur,
Cueur qui maintiens le mien en sa vigueur :
Cueur qui vouluz à mon bien consentir,
Cueur qui gardas la langue de mentir,
Quand elle dit : O amy languissant,
Du bien d'Amours tu seras jouissant.
Cueur, noble cueur, gentil cueur de la belle,
Cueur franc et net, cueur mien, et non pas d'elle :
Mien je te di, et ay bien ce credit :
Car tu es mien, puis qu'elle me l'a dit.
Cueur qui saiz bien guerdonner [3] quand il faut,
Et ton Amour donner à qui le vaut :
Cueur qui ne peux departir l'amitié,
Sans empirer le tout et la moitié :
Cueur qui saiz bien congnoistre par compas [4]
Celuy qui t'aime, et qui ne t'aime pas :
Tu es celuy du quel plaindre ne s'ose
Celuy qui t'a, bien qu'il n'ayt autre chose.
Cueur en Amour si propre et si docile,
Que Cupido y fait son domicile :
Cueur qui contreins la langue de parler,
Les yeux de voir, et les deux piez d'aller :
Cueur duquel est si grande la puissance,
Que tout le corps te doit obéissance,

---

1. Heriter : harceler.
2. Le demourant : le reste.
3. Guerdonner : gratifier, récompenser.
4. Par comparaison.

Commande luy, puis qu'ainsi le peux bien,
Faire tousjours ton vouloir et le mien.
Cueur par lequel le feu en moy s'allume,
Tant qu'il me fait de la main choir la plume,
Puis que tu m'as à toy si fort lié,
Jamais de moy ne seras oublié.

Jacques Peletier.

> — Vous comparerez ces deux poèmes, ce qu'ils contiennent d'artifice et d'inspiration sincère, et vous direz lequel vous préférez en exposant vos raisons.
>
> — Comparer ces « blasons » avec les poèmes précieux du xviie siècle (pp. 58-61).

[« NE REPRENEZ, DAMES, SI J'AY AIMÉ... »]

Louise Labé (1524-1566), surnommée la Belle Cordière parce qu'elle avait épousé un maître cordier, représente, au xvie siècle, un exemple de « féminisme » intéressant. Elle aurait été, à Lyon, l'une de ces courtisanes lettrées comme il en fleurissait alors dans les principautés italiennes. Nous retiendrons qu'elle a, par son attitude et par son œuvre, refusé la condition servile à laquelle étaient condamnées la plupart des femmes de son époque. Son œuvre comprend des élégies et des sonnets. Le sonnet que nous citons s'adresse à ces dames que la liberté de mœurs de Louise Labé devait effaroucher.

Ne reprenez [1], Dames, si j'ay aimé,
Si j'ay senti mile torches ardentes,
Mile travaus, mile douleurs mordentes.
Si, en pleurant, j'ay mon tems consumé,

Las ! que mon nom n'en soit par vous blamé.
Si j'ay failli [2], les peines sont presentes,
N'aigrissez point leurs pointes violentes :
Mais estimez qu'Amour, à point nommé,

---

1. Ne me reprenez pas, ne me réprimandez pas.
2. Si j'ai commis des fautes.

La femme

Sans votre ardeur d'un Vulcan [1] excuser,
Sans la beauté d'Adonis acuser,
Pourra, s'il veut, plus vous rendre amoureuses,

En ayant moins que moi d'ocasion,
Et plus d'estrange et forte passion.
Et gardez-vous d'estre plus malheureuses !

L. Labé, Sonnet XXIII.

— Étudier les arguments présentés par Louise Labé pour repousser le blâme de ses contemporaines : châtiment contenu dans les passions amoureuses, fatalité de l'amour, témérité de tout jugement porté sur autrui...

— Rapprocher ce sonnet du début de l'élégie III de L. Labé :

> Quand vous lirez, ô Dames Lionnoises,
> Ces miens escrits pleins d'amoureuses noises,
> Quand mes regrets, ennuis, despits et larmes
> M'orrez chanter en pitoyables carmes [2],
> Ne veuillez point condamner ma simplesse,
> Et jeune erreur de ma fole jeunesse,
> Si c'est erreur... mais qui, dessous les Cieus,
> Se peut vanter de n'estre vicieus ?

POÈTES PRÉCIEUX

La poésie précieuse est surtout connue par les caricatures qu'en a données Molière. Elle vaut parfois mieux que l'image qu'on s'en fait. Poèmes d'inspiration galante, le plus souvent, qui chantent la femme de manière volontairement détournée, en faisant appel aux recherches les plus subtiles et parfois les plus tarabiscotées de l'esprit et du langage : on débouche aussi bien sur d'authentiques trouvailles poétiques que sur l'affectation la plus ridicule, la plus contraire à la vraie poésie. Ces poèmes de Voiture (1597-1648), le « bel esprit » de l'hôtel de Rambouillet,

---

1. Vulcain, dieu du feu chez les Romains.
2. Poèmes.

et de l'abbé Cotin (1614-1682), immortalisé par Molière dans le Trissotin des *Femmes savantes*, donnent deux aperçus de ce que peut produire la préciosité.

STANCES

Ce soir que vous ayant seulette rencontrée,
Pour guérir mon esprit et le remettre en paix,
J'eus de vous sans effort, belle et divine Astrée,
La première faveur que j'en reçus jamais.

Que d'attraits, que d'appas vous rendaient adorable !
Que de traits, que de feux me vinrent enflammer !
Je ne verrai jamais rien qui soit tant aimable,
Ni vous rien désormais qui puisse tant aimer.

Les charmes que l'Amour en vos beautés recèle
Étaient plus que jamais puissants et dangereux.
O dieux ! qu'en ce moment mes yeux vous virent belle !
Et que vos yeux aussi me virent amoureux !

La rose ne luit point d'une grâce pareille,
Lorsque pleine d'amour elle rit au soleil,
Et l'Orient n'a pas, quand l'aube se réveille,
La face si brillante et le teint si vermeil.

Cet objet qui pouvait émouvoir une souche,
Jetant par tant d'appas des feux dans mon esprit,
Me fit prendre un baiser sur votre belle bouche :
Mais las ! ce fut plutôt le baiser qui me prit.

Car il brûle en mes os et va de veine en veine
Portant le feu vengeur qui me va consumant.
Jamais rien ne m'a fait endurer tant de peine,
Ni causé dans mon cœur tant de contentement.

Mon âme sur ma lèvre était lors tout entière,
Pour savourer le miel qui sur la vôtre était :
Mais en me retirant, elle resta derrière,
Tant de ce doux plaisir l'amorce l'arrêtait.

La femme

S'égarant de ma bouche, elle entra dans la vôtre,
Ivre de ce nectar qui charmait ma raison,
Et sans doute elle prit une porte pour l'autre
Et ne se souvint plus quelle était sa maison.

Mes pleurs n'ont pu depuis fléchir cette infidèle
A quitter un séjour qu'elle trouva si doux,
Et je suis en langueur, sans repos et sans elle,
Et sans moi-même aussi, lorsque je suis sans vous.

Elle ne peut laisser ce lieu tant désirable,
Ce beau temple où l'Amour est de nous adoré,
Pour entrer derechef dans l'enfer misérable
Où le ciel a voulu qu'elle ait tant enduré.

Mais vous, de ces désirs unique et belle Reine,
Où cette âme se plaît comme en son paradis,
Faites qu'elle retourne et que je la reprenne
Sur ces mêmes œillets où lors je la perdis.

Je confesse ma faute au lieu de la défendre,
Et triste, et repentant d'avoir trop entrepris,
Le baiser que je pris, je suis prêt à le rendre,
Et me rendez aussi ce que vous m'avez pris.

Mais non, puisque ce Dieu dont l'amorce m'enflamme
Veut bien que vous l'ayez, ne me le rendez point :
Mais souffrez que mon corps se rejoigne à mon âme
Et ne séparez pas ce que Nature a joint.

Voiture, *Stances*.

POUR MADEMOISELLE ARRIVANT AU COURS[1]
A SOLEIL COUCHANT

Tout cède à sa belle présence,
Et de peur qu'un grand jour l'offense,

1. Probablement le Cours-la-Reine, promenade des élégantes.

Le Soleil éteint son flambeau :
Il va se retirer sous l'onde
Et laisse à cet astre plus beau
La charge d'éclairer le monde.

Cotin.

LE SONGE D'ADAM

Le *Paradis perdu*, du poète anglais John Milton (1608-1674), contient une belle évocation d'Ève, la première femme. Fruit de l'imagination d'Adam, elle se révèle, à son réveil, aussi belle qu'il l'avait rêvée.

Il (Dieu) ferma mes yeux, mais laissa ouverte la cellule
De l'imagination, ma vue intérieure, par laquelle,
Ravi comme en extase, quoique dormant où j'étais,
[je crus voir
La forme toujours éclatante devant laquelle je
[m'étais tenu éveillé ;
Et cette forme, se baissant, m'ouvrit le côté gauche,
[y prit
Une côte toute chaude des esprits du cœur
Et du sang de la vie coulant frais ; large était la
[blessure,
Mais soudain remplie de chair et guérie ;
Cette côte, il la forma et façonna avec ses mains ;
Sous ses mains créatrices grandit une créature,
Pareille à l'homme, mais de sexe différent, si agréa-
[blement belle
Que tout ce qui semblait beau dans le monde main-
[tenant semblait
Inférieur, ou réuni en elle, contenu en elle
Et dans ses regards qui depuis ce temps ont épanché
Dans mon cœur une douceur jusque là inéprouvée ;
A toutes choses son air inspira
L'esprit d'amour et un délice amoureux.
Elle disparut et me laissa dans les ténèbres. Je m'é-
[veillai

Pour la trouver, ou pour déplorer à jamais
Sa perte et abjurer tous les autres plaisirs.
Lorsque j'étais hors d'espoir, la voici non loin,
Telle que je la vis dans mon songe, ornée
De ce que toute la terre et le Ciel pouvaient prodiguer
Pour la rendre aimable. Elle vint,
Conduite par son céleste et invisible Créateur
Et guidée par sa voix. Elle n'était pas ignorante
De la sainteté nuptiale et des rites du mariage.
La grâce était dans tous ses pas, le ciel dans ses yeux,
Dans chacun de ses gestes la dignité et l'amour.
Moi, transporté de joie, je ne pus m'empêcher de
                              [crier à voix haute :

— Cette façon d'agir m'a dédommagé ; tu as rempli
Ta promesse, Créateur généreux et bienveillant,
Donateur de toutes choses belles, mais celui-ci est
                              [le plus beau
De tous tes dons ; et tu ne me l'as pas envié. Je vois
                              [maintenant
L'os de mes os, la chair de ma chair, moi-même
Devant moi ; femme est son nom, tiré
De celui de l'homme [1] : c'est pourquoi l'homme quittera
Son père et sa mère, et s'attachera à sa femme,
Et ils seront une chair, un cœur, une âme.

> J. Milton, *Paradis perdu*, livre VIII (trad.
> de l'anglais par Pierre Messiaen ; Aubier-
> Montaigne, t. II, pp. 107-109).

> — A Adam, l'ange Raphaël répondra que l'amour est
> parfaitement légitime, à condition que, conformément
> aux prescriptions célestes, l'homme ne s'abaisse pas jusqu'à
> devenir l'esclave de la femme. L'admiration de Milton
> pour la femme ne l'empêche donc pas de la juger toujours
> inférieure à l'homme. Trouve-t-on, dans ce passage, des

1. En anglais, *homme* se dit : *man*, et *femme* : *woman*.

indices de cette infériorité, ou du moins d'une dépendance de la femme par rapport à l'homme ?

— Relever les notations qui concourent à la beauté d'Ève. Sont-elles d'ordre essentiellement physique, moral, religieux ?

● Les moralistes et la femme

UNE ÉPOUSE DÉVOUÉE

Les *Essais* de Montaigne (1533-1592) ne témoignent pas d'un grand intérêt pour la femme. On se demande même parfois, quand Montaigne parle de l'« homme », si cette expression recouvre les deux sexes, ou si elle exclut le sexe féminin. Le chapitre xxxv du Livre II, intitulé « De trois bonnes femmes », s'il aborde la question, révèle chez son auteur une franche misogynie. « Il n'en est pas à douzaines », dit-il à propos des « bonnes femmes », « et notamment aux devoirs de mariage. » Du moins cite-t-il trois exceptions, « trois femmes qui ont aussi employé l'effort de leur bonté et affection autour la mort de leurs maris ». C'est le premier de ces trois exemples que nous reproduisons ici.

Pline le Jeune avoit, pres d'une sienne maison, en Italie, un voisin merveilleusement [1] tourmenté de quelques ulceres qui luy estoient survenus és parties honteuses. Sa femme, le voyant si longuement languir, le pria de permettre qu'elle veit à loisir et de pres l'estat de son mal, et qu'elle luy diroit plus franchement que aucun autre ce qu'il avoit à en esperer. Apres avoir obtenu cela de luy et l'avoir curieusement [2] consideré, elle trouva qu'il estoit impossible qu'il en peut guerir, et que tout ce qu'il avoit à attandre, c'estoit de trainer fort long temps une vie douloureuse

1. Extrêmement.
2. Attentivement.

et languissante : si luy conseilla, pour le plus seur et souverain remede, de se tuer; et le trouvant un peu mol à une si rude entreprise : Ne pense point, luy dit elle, mon amy, que les douleurs que je te voy souffrir, ne me touchent autant qu'à toy, et que, pour m'en delivrer, je ne me veuille servir moymesme de cette medecine que je t'ordonne. Je te veux accompaigner à la guerison comme j'ay fait à la maladie : oste cette crainte, et pense que nous n'aurons que plaisir en ce passage qui nous doit delivrer de tels tourmens : nous nous en irons heureusement ensemble. Cela dit, et ayant rechauffé le courage de son mary, elle resolut qu'ils se precipiteroient en la mer par une fenestre de leur logis qui y respondoit [1]. Et pour maintenir jusques à sa fin cette loyale et vehemente affection dequoy elle l'avoit embrassé pendant sa vie, elle voulut encore qu'il mourust entre ses bras ; mais, de peur qu'ils ne luy faillissent [2] et que les estraintes de ses enlassemens ne vinssent à se relascher par la cheute et la crainte, elle se fit lier et attacher bien estroittement avec luy par le faux du corps [3], et abandonna ainsi sa vie pour le repos de celle de son mary.

Montaigne, *Essais*, II, 35 (texte établi et annoté par Pierre Villey, P.U.F., 1965, p. 745).

— *A lire* : *Essais*, I, 28 (que le mariage est un marché, et que les femmes n'ont pas une âme assez ferme pour soutenir l'étreinte d'un nœud si durable); II, 8 (des femmes pourvues d'une grande dot); III, 5 (arguments pour et contre le mariage, et du comportement des femmes mariées).

---

1. Qui y donnait.
2. Que ses bras ne vinssent à lui manquer.
3. Le milieu du corps.

SUR LA BEAUTÉ DE LA BELLE JAMBE
ET LA VERTU QU'ELLE A [1]

Pierre de Bourdeille, seigneur de Brantôme (1540-1614) nous a laissé, dans ses *Vies des dames galantes*, de nombreuses anecdotes et de nombreux portraits, d'un ton souvent égrillard, qui sont autant de témoignages précieux sur les mœurs et l'état d'esprit des dames de son temps.

Entre plusieurs belles beautez que j'ay veu louer quelques fois parmy nous autres courtisans, et autant propres à attirer à l'amour, c'est qu'on estime fort une belle jambe à une belle dame ; dont j'ay veu plusieurs dames en avoir gloire, et soin de les avoir et entretenir belles. Entre autres, j'ay ouy raconter d'une tres-grande princesse de par le monde, que j'ay cogneu, laquelle aymoit une de ses dames par dessus toutes les siennes, et la favorisoit par dessus les autres, seulement parce qu'elle luy tiroit ses chausses si bien tendues, et en accommodoit la greve [2], et mettoit si proprement la jarretiere, et mieux que toute autre ; de sorte qu'elle estoit fort advancée auprès d'elle ; mesme luy fit de bons biens. Et par ainsi, sur cette curiosité [3] qu'elle avoit d'entretenir sa jambe ainsi belle, faut penser que ce n'estoit pour la cacher sous sa juppe, ny son cotillon ou sa robe, mais pour en faire parade quelquesfois avec de beaux callesons [4] de toile d'or et d'argent, ou d'autre estoffe, tres-proprement et mignonnement faits, qu'elle portoit d'ordinaire : car l'on ne se plaist point tant en soy que l'on n'en veuille faire part à d'autres de la veue et du reste.

Cette dame aussi ne se pouvoit pas excuser en disant que c'estoit pour plaire à son mary, comme la plus-

---

1. Titre donné par Brantôme à l'ensemble du Troisième discours, dont nous ne citons ici que le début.
2. Le mollet.
3. Ce soin.
4. L'exercice du cheval amenait souvent les dames à découvrir leurs jambes ; aussi leurs chausses, ou caleçons, étaient-elles richement ornées, ainsi que les jarretières qui les rattachaient à leurs bas, ou bas-de-chausses.

part d'elles le disent, et mesmes les vieilles, quand elles
se font si pimpantes et si gorgiases [1], encores qu'elles
soyent vieilles ; mais cette-cy estoit veufve. Il est
vray que du temps de son mary elle faisoit de mesme,
et pour ce ne voulut discontinuer par amprés, l'ayant
perdu.

J'ay cogneu force belles, honnestes dames et filles,
qui sont autant curieuses de tenir ainsi precieuses
et propres et gentilles leurs belles jambes ; aussi elles
en ont raison : car il y gist plus de lascivité qu'on
ne pense.

J'ay ouy parler d'une tres-grande dame, du temps
du roy François, et tres-belle, laquelle s'estant rompu
la jambe, et se l'estant faite rabiller [2], elle trouva
qu'elle n'estoit pas bien, et estoit demeurée toute
torte ; elle fut si resolue qu'elle se la fit rompre une
autre fois au rabilleur, pour la remettre en son point,
comme auparavant, et la rendre aussi belle et aussi
droite. Il y en eut quelqu'une qui s'en esbahit fort
mais à celle une autre belle dame fort entendue fit
response et luy dit : « A ce que je vois, vous ne sçavez
pas quelle vertu amoureuse porte en soy une belle
jambe. »

J'ay cogneu autresfois une fort belle et honneste
fille de par le monde, laquelle, estant fort amoureuse
d'un grand seigneur, pour l'attirer à soy et en escro-
quer quelque bonne pratique, et n'y pouvant parvenir,
un jour estant en une allée de parc, et le voyant venir,
elle fit semblant que sa jarretiere luy tomboit ; et,
se mettant un peu à l'escart, haussa sa jambe, et
se mit à tirer sa chausse et rabiller sa jarretiere.
Ce grand seigneur l'advisa fort, et en trouva la
jambe tres-belle ; et s'y perdit si bien que cette jambe
opera en luy plus que n'avoit fait son beau visage ;
jugeant bien en soy que ces deux belles colonnes
soustenoyent un beau bastiment ; et depuis l'advoua-
il à sa maistresse, qui en disposa aprés comme elle
voulut. Notez cette invention et gentille façon d'amour.

J'ay ouy parler aussi d'une belle et honneste dame,

---

1. Richement vêtues, magnifiques.
2. Réparer, raccommoder.

surtout fort spirituelle, de plaisante et bonne humeur, laquelle, se faisant un jour tirer sa chausse à son vallet de chambre, elle luy demanda s'il n'entroit point pour cela en ruth, tentation et concupiscence ; encore dit-elle et franchit le mot tout outre. Le vallet, pensant bien dire, pour le respect qu'il luy portoit, luy respondit que non. Elle soudain haussa la main et luy donna un grand soufflet. « Allez, dit-elle, vous ne me servirez jamais plus ; vous estes un sot, je vous donne vostre congé. »

Brantôme, *Les dames galantes*, Troisième Discours (texte établi et annoté par Maurice Rat, classiques Garnier, 1967, pp. 190-191).

— Relever les traits de mœurs et de caractère les plus surprenants que ce passage nous révèle sur les dames de la haute société dans la deuxième moitié du XVIᵉ siècle (la « très-grande princesse » dont il est question dans la première partie du texte est probablement Catherine de Médicis).

— On appelle « moraliste » celui qui étudie les mœurs, ou qui donne des leçons de morale. En quel sens Brantôme est-il un « moraliste » ?

[« VOTRE SEXE N'EST LA QUE POUR LA DÉPENDANCE. »]

Si Molière (1622-1673) a ridiculisé les prétentions des femmes à la science, il ne s'est guère montré plus tendre pour les prétentions de certains hommes à réduire leur épouse à l'ignorance et à l'esclavage. La peur d'être cocu a conduit Arnolphe, dans *L'école des femmes*, à prendre chez lui, dès l'âge de quatre ans, celle qu'il a choisi d'épouser, à la tenir à l'écart de tout, et à « la rendre idiote autant qu'il se pourrait ». Nous citons ici un extrait du discours que tient Arnolphe à sa future, Agnès, avant de l'épouser.

La femme

Le mariage, Agnès, n'est pas un badinage :
A d'austères devoirs le rang de femme engage,
Et vous n'y montez pas, à ce que je prétends,
Pour être libertine et prendre du bon temps.
Votre sexe n'est là que pour la dépendance :
Du côté de la barbe est la toute-puissance.
Bien qu'on soit deux moitiés de la société,
Ces deux moitiés pourtant n'ont point d'égalité :
L'une est moitié suprême et l'autre subalterne ;
L'une en tout est soumise à l'autre qui gouverne ;
Et ce que le soldat, dans son devoir instruit,
Montre d'obéissance au chef qui le conduit,
Le valet à son maître, un enfant à son père,
A son supérieur le moindre petit Frère,
N'approche point encore de la docilité,
Et de l'obéissance, et de l'humilité,
Et du profond respect où la femme doit être
Pour son mari, son chef, son seigneur et son maître.
Lorsqu'il jette sur elle un regard sérieux,
Son devoir aussitôt est de baisser les yeux,
Et de n'oser jamais le regarder en face
Que quand d'un doux regard il lui veut faire grâce.
C'est ce qu'entendent mal les femmes d'aujourd'hui ;
Mais ne vous gâtez pas sur l'exemple d'autrui.
Gardez-vous d'imiter ces coquettes vilaines
Dont par toute la ville on chante les fredaines,
Et de vous laisser prendre aux assauts du malin,
C'est-à-dire d'ouïr aucun jeune blondin.
Songez qu'en vous faisant moitié de ma personne,
C'est mon honneur, Agnès, que je vous abandonne ;
Que cet honneur est tendre et se blesse de peu ;
Que sur un tel sujet il ne faut point de jeu ;
Et qu'il est aux enfers des chaudières bouillantes
Où l'on plonge à jamais les femmes mal vivantes.
Ce que je vous dis là ne sont pas des chansons ;
Et vous devez du cœur dévorer ces leçons.
Si votre âme les suit, et fuit d'être coquette,
Elle sera toujours, comme un lis, blanche et nette ;
Mais s'il faut qu'à l'honneur elle fasse un faux bond,
Elle deviendra lors noire comme un charbon ;
Vous paraîtrez à tous un objet effroyable,
Et vous irez un jour, vrai partage du diable,

Bouillir dans les enfers à toute éternité :
Dont vous veuille garder la céleste bonté !

> Molière, *L'école des femmes*, III, 2.

— Qu'est-ce qui confère au discours d'Arnolphe un aspect caricatural ? Ses arguments eux-mêmes, la manière dont il les présente, son éventuelle mauvaise foi, les croyances auxquelles il se réfère ?

— Comparer la tirade d'Arnolphe avec celle de Chrysale (*Les femmes savantes*, II, 7). Laquelle vous paraît la plus caricaturale ?

[FEMMES SAGES ET FEMMES SAVANTES]

Dans le chapitre III des *Caractères*, intitulé « Des femmes », La Bruyère (1645-1696) paraît répondre à la Philaminte des *Femmes savantes*, de Molière, qui s'écriait :

Car enfin je me sens un étrange dépit
Du tort que l'on nous fait du côté de l'esprit ;
Et je veux nous venger, toutes tant que nous sommes,
De cette indigne classe où nous rangent les hommes,
De borner nos talents à des futilités,
Et nous fermer la porte aux sublimes clartés.

Pourquoi s'en prendre aux hommes de ce que les femmes ne sont pas savantes ? Par quelles lois, par quels édits, par quels rescrits leur a-t-on défendu d'ouvrir les yeux et de lire, de retenir ce qu'elles ont lu et d'en rendre compte ou dans leur conversation, ou par leurs ouvrages ? Ne se sont-elles pas au contraire établies elles-mêmes dans cet usage de ne rien savoir, ou par la faiblesse de leur complexion, ou par la paresse de leur esprit, ou par le soin de leur beauté, ou par une certaine légèreté qui les empêche de suivre une longue étude, ou par le talent et le génie qu'elles ont seulement pour les ouvrages de la main, ou par les distractions que donnent les détails d'un domestique [1], ou par un éloignement naturel des

---

1. Les détails de l'intérieur d'un ménage.

choses pénibles et sérieuses, ou par une curiosité toute différente de celle qui contente l'esprit,
ou par un tout autre goût que celui d'exercer leur
mémoire? Mais à quelque cause que les hommes puissent devoir cette ignorance des femmes, ils sont
heureux que les femmes, qui les dominent d'ailleurs
par tant d'endroits, aient sur eux cet avantage du
moins.

On regarde une femme savante comme on fait une
belle arme [1] : elle est ciselée artistement, d'une polis-
sure admirable et d'un travail fort recherché ; c'est
une pièce de cabinet, que l'on montre aux curieux,
qui n'est pas d'usage, qui ne sert ni à la guerre ni
à la chasse, non plus qu'un cheval de manège, quoique
le mieux instruit du monde.

Si la science et la sagesse se trouvent unies en un
même sujet, je ne m'informe plus du sexe : j'admire ;
et si vous me dites qu'une femme savante n'est guère
sage, vous avez déjà oublié ce que vous venez de lire,
que les femmes ne sont détournées des sciences
que par de certains défauts : concluez donc vous-
mêmes que moins elles auraient de ces défauts, plus
elles seraient sages, et qu'ainsi une femme sage n'en
serait que plus propre à devenir savante, ou qu'une
femme savante, n'étant telle que parce qu'elle aurait
pu vaincre beaucoup de défauts, n'en est que plus sage.

La Bruyère, Caractères, III, 49.

— Si La Bruyère paraît répondre à Philaminte, Simone de
Beauvoir, à près de trois siècles d'intervalle, paraît répondre
à La Bruyère (voir p. 163). Les défauts de la femme (paresse,
légèreté, coquetterie...) sont-ils la cause ou la conséquence
de l'infériorité où elle se trouve réduite dans notre société ?
Vous comparerez l'argumentation de La Bruyère avec celle
de Simone de Beauvoir, et, en tenant compte des modifications qu'a pu connaître la situation de la femme du XVII\ᵉ
au XX\ᵉ siècle, vous direz auquel de ces deux auteurs vous
donnez la préférence.

---

1. Comme on regarde une belle arme (cet emploi du verbe *faire*, destiné
à éviter la répétition d'un autre verbe, est fréquent au XVII\ᵉ siècle).

> — *A lire* : Montaigne, *Essais*, III, 3 (« Que leur faut-il
> (aux femmes) que de vivre aimées et honorées ? Quand je
> les vois attachées à la rhétorique, à la judiciaire, à la logique,
> et semblables drogueries si vaines et si inutiles à leur besoin,
> j'entre en crainte que les hommes, qui le leur conseillent, le
> fassent pour avoir loi de les régenter sous ce titre [...] ») ;
> Fénelon, *De l'éducation des filles* (voir texte suivant).

INSTRUCTIONS DES FEMMES
SUR LEURS DEVOIRS [1]

> *De l'éducation des filles*, publié pour la première fois en
> 1687, est la première œuvre de Fénelon (1651-1715). Il
> ne la destinait pas au public, mais au duc de Beauvilliers,
> son ami, qui l'avait prié de rédiger un traité sur ce sujet.
> Après avoir dénoncé les défauts de l'éducation trop souvent
> dispensée aux filles, qui les conduit à la mollesse, à l'oi-
> siveté et à la curiosité pour les objets vains et dangereux,
> comme la lecture des romans et des comédies, Fénelon
> recommande que l'on éduque les filles dès le plus jeune âge,
> qu'on ne leur offre que de bons modèles, qu'on les ins-
> truise de manière à leur rendre la vertu aimable et à faire
> entrer dans leur esprit les principes de la religion, enfin
> qu'on les préserve des défauts ordinaires à leur sexe,
> comme la vanité et le désir de plaire. Les derniers chapitres
> de l'ouvrage (ch. XI, XII et XIII) sont consacrés à l'ins-
> truction des femmes.

Venons-en maintenant au détail des choses dont une
femme doit être instruite. Quels sont ses emplois ?
Elle est chargée de l'éducation de ses enfants ; des
garçons jusqu'à un certain âge, des filles jusqu'à
ce qu'elles se marient ou se fassent religieuses ; de la
conduite des domestiques, de leurs mœurs, de leur service ; du détail de la dépense, des moyens de tout faire
avec économie et honorablement ; d'ordinaire même,
de faire les fermes, et de recevoir les revenus.

La science des femmes, comme celle des hommes,
doit se borner à s'instruire par rapport à leurs fonctions ;

---

1. Titre de l'ensemble du chapitre XI.

la différence de leurs emplois doit faire celle de leurs études. Il faut donc borner l'instruction des femmes aux choses que nous venons de dire. Mais une femme curieuse trouvera que c'est donner des bornes bien étroites à sa curiosité : elle se trompe ; c'est qu'elle ne connaît pas l'importance et l'étendue des choses dont je lui propose de s'instruire.

Quel discernement lui faut-il pour connaître le naturel et le génie de chacun de ses enfants, pour trouver la manière de se conduire avec eux la plus propre à découvrir leur humeur, leur pente, leur talent, à prévenir les passions naissantes, à leur persuader les bonnes maximes, et à guérir leurs erreurs ! Quelle prudence doit-elle avoir pour acquérir et conserver sur eux l'autorité, sans perdre l'amitié et la confiance ! Mais n'a-t-elle pas besoin d'observer et de connaître à fond les gens qu'elle met auprès d'eux ? Sans doute. Une mère de famille doit donc être pleinement instruite de la religion et avoir un esprit mûr, ferme, appliqué, et expérimenté pour le gouvernement.

Peut-on douter que les femmes ne soient chargées de tous ces soins, puisqu'ils tombent naturellement sur elles pendant la vie même de leurs maris occupés au-dehors ? Ils les regardent encore de plus près si elles deviennent veuves. Enfin saint Paul attache tellement en général leur salut à l'éducation de leurs enfants, qu'il assure que c'est par eux qu'elles se sauveront.

Fénelon, *De l'éducation des filles*, ch. XI.

— A cette conception de la femme, « condamnée à être utile », s'oppose encore celle de Simone de Beauvoir, qui refuse qu'on réduise la femme à ses fonctions, fussent-elles les plus nobles, et veut la considérer en elle-même et pour elle-même. Voir p. 163, comparer les deux textes, leur argumentation, et les principes philosophiques, moraux ou religieux qui paraissent les soutenir.

— Comparer les idées de Fénelon sur l'éducation des femmes avec celles de Mme Roland (p. 88).

● CHAPITRE IV

LE SIÈCLE DES LUMIÈRES

Dans une société encore « gouvernée par les lois saliques[1] », « la venue d'une fille dans un foyer n'est pas une fête », notent Jules et Edmond de Goncourt dans leur excellent ouvrage *La femme au XVIIIe siècle*[2]; c'est presque toujours un héritier que les familles attendent. On ne doit cependant pas exagérer l'état de dépendance dans lequel est maintenue la femme à cette époque, ni les rigueurs du couvent auquel sont astreintes la majorité des jeunes filles de bonne famille : suivant les Goncourt, « on peut tenir pour une exception le cas de Mme Thiroux de Crosne, sortie à l'âge de quatorze ans, pour se marier, d'un couvent de Visitandines, et n'ayant jusque-là rien vu ni connu en dehors de cette enceinte, et qui crut, en voyant les premiers miroirs dans un appartement, que c'était un effet de la magie. Elle aurait même, voyant pour la première fois une voiture et des chevaux, cru que le tout composait une seule machine ! » « La religieuse par force, écrivent encore les Goncourt, n'est plus qu'un personnage de théâtre. » Personnage de roman aussi, on le sait, puisque dans l'un de ses meilleurs ouvrages,

---

1. Lois dont une clause exclut les femmes de la succession à la terre.
2. Voir bibliographie.

La religieuse, DIDEROT dénonce l'intolérance dont sont encore victimes certaines jeunes filles.

Diderot n'est pas le seul à plaider pour une meilleure condition de la femme. Un nommé M. de Puysieux avait traduit de l'anglais une œuvre satirique intitulée : *La femme n'est pas inférieure à l'homme*, et Mme de Puysieux en tira argument pour écrire dans ses *Conseils à une amie :* « Nous ne sommes pas plus faites pour les hommes que les hommes ne sont faits pour nous [1]. » Mais ce sont là des manifestations isolées : Diderot excepté, la plupart des grands auteurs du siècle l'entendent bien différemment; les textes de VOLTAIRE ou de ROUSSEAU que nous citons dans ce recueil en témoignent éloquemment. Les revendications de MME ROLAND elle-même demeurent prudentes. On ne saurait parler au XVIIIe siècle d'un véritable courant féministe.

Tout au plus la littérature traduit-elle une certaine volonté d'émancipation de la femme. Dans l'**aristocratie** d'abord, où les femmes-écrivains se multiplient, ne serait-ce que dans le genre de la « correspondance » (dans son *Choix de lettres du XVIIIe siècle*, Hachette éd., Gustave Lanson ne citait pas moins de dix-sept femmes sur quarante épistoliers). Les dames de la haute société revendiquent par leurs écrits, par leurs lectures (« *La Pucelle*, écrivent les Goncourt, traînait sur les tables, et les femmes qui se respectaient le plus ne se cachaient pas de l'avoir lue et ne rougissaient pas de la citer »), par leur comportement aussi : elles jouent dans des théâtres de société, la vogue des promenades à cheval leur permet de s'habiller à la mode masculine, et Mme du Barry a tenu à être peinte dans un costume d'homme. Dans la **bourgeoisie**, de même, les choses évoluent. Que l'on compare la situation des jeunes filles dans les comédies de Molière et celles de MARIVAUX : différence due sans doute au génie propre à chaque auteur (la veine comique de Molière exigeait des pères qu'ils fussent intolérants), mais aussi à l'évolution d'une condition; la rébellion de Sylvia dans *Le jeu de l'amour et du hasard* ou de Lucile dans *Les serments indiscrets* contre la décision de leur famille est le signe d'une époque. Toujours dans la bourgeoisie, mais à un échelon inférieur, les mœurs évoluent également : nous en trouvons encore le reflet chez Marivaux, mais cette fois dans ses romans (*La*

---

1. Sur ce sujet, voir Octave Gréard, *L'éducation des femmes par les femmes* Hachette, 1886.

vie de Marianne en particulier). L'affranchissement des filles du peuple pose d'autres problèmes : livrées à elles-mêmes, séduites et délaissées, elles grossissent souvent le troupeau de ces « filles publiques » que RESTIF DE LA BRETONNE évoque dans ses *Nuits de Paris*.

A quelque milieu qu'elle appartienne, la femme fournit, par son affranchissement, un thème de **libertinage** à l'art et à la littérature. En peinture, on peut songer, entre autres coquineries de boudoir, à *La chemise enlevée* de FRAGONARD. « La volupté, écrivent les Goncourt, cette volupté universelle qui se dégage des choses vivantes comme des choses inanimées, qui se mêle à la parole, qui palpite dans la musique, qui est la voix, l'accent, la forme de ce monde, la femme la retrouve dans l'art du temps plus matérielle et, pour ainsi dire, plus incarnée. » Cette sensualité, cette indécence diront certains, constitue le véritable pouvoir féminin du XVIIIᵉ siècle. Ce siècle, avons-nous dit, ne connaît guère le féminisme : les écrits théoriques, en tout cas, demeurent rares et généralement naïfs. Mais en profitant de la vie à l'égal de l'homme, la femme formule, en acte, ses véritables prétentions. Elle veut « jouir de la perte de sa réputation » écrit une dame de la cour, anonyme, dans ses *Réflexions nouvelles sur les femmes* (Paris, 1727). Les hommes qui s'efforceront de l'y aider ne manqueront pas. Si les *Mémoires* de CASANOVA représentent encore une forme de donjuanisme dans lequel la femme est réduite à l'état d'objet, CRÉBILLON FILS ou FRIEDRICH SCHLEGEL (que nous citons dans ce recueil), le marquis de SADE (dont la Juliette se présente comme une femme d'une intelligence et d'une perversion supérieures), le poète anglais WILLIAM BLAKE ou encore CHODERLOS DE LACLOS, l'auteur des *Liaisons dangereuses*, encouragent la femme à connaître les plaisirs des sens avec autant de liberté que les hommes. Les idées de Choderlos de Laclos nous paraissent à cet égard exemplaires. « L'année d'après la parution des *Liaisons*, note Roger Vailland [1], Laclos entreprit de réhabiliter sa belle victime, la Présidente de Tourvel, la « femme naturelle. » Il écrivit à cet effet trois textes d'inégales longueurs, restés tous trois inachevés, et qui ne furent publiés qu'un siècle plus tard : un discours *De l'éducation des femmes*, prenant prétexte d'une question proposée par l'académie de Châlons-sur-Marne, un

---

1. Introduction aux *Liaisons dangereuses*, Club français du Livre, 1959, pp. 23-24.

traité *Des femmes et de leur éducation*, un essai enfin *Sur l'éducation des femmes*.

Résumons l'argumentation par quelques citations : La femme est naturellement l'égale de l'homme :

« La femme naturelle est, ainsi que l'homme, un être libre et puissant; libre en ce qu'il a l'entier exercice de ses facultés; puissant en ce que ses facultés égalent ses besoins. »

Mais toute femme est rendue esclave par la société :

« La nature ne crée que des êtres libres; la société ne fait que des tyrans et des esclaves... Toute convention faite entre deux sujets inégaux en force ne produit, ne peut produire qu'un tyran et un esclave... dans l'union sociale des deux sexes, les femmes généralement plus faibles ont dû généralement être opprimées; ici les faits viennent à l'appui des raisonnements. Parcourez l'univers connu, vous trouverez l'homme fort et tyran, la femme faible et esclave... »

La femme comme tout esclave substitue l'adresse à la force :

« Elles sentirent enfin que, puisqu'elles étaient plus faibles, leur unique ressource était de séduire; elles connurent que si elles étaient dépendantes de ces hommes par la force, ils pouvaient le devenir d'elles par le plaisir... »

● Condition de la femme au XVIIIᵉ siècle

[LA JOURNÉE D'UNE GRANDE DAME]

Moins connue que Mme du Deffand, à qui cette lettre est adressée, la duchesse de Choiseul (1736-1801) a néanmoins joué un rôle important dans la haute société et les salons du XVIIIᵉ siècle.

A Versailles, ce... décembre 1762.

Faites-moi grâce, ma chère enfant, des gens de Versailles; il y a, comme vous dites fort bien, cinq mois que j'y suis; j'y croirais être encore. Pourquoi ne me parlez-vous pas du président[1]? Il y a mille ans que je ne l'ai vu, il m'abandonne tout à fait; je serai bien aise d'avoir l'occasion de le lui reprocher; d'ailleurs qu'avez-vous besoin de tant de monde? Vous pouvez craindre d'être seule avec moi, mais je ne crains pas de l'être avec vous. Plus vous aurez de monde, plus je serai distraite du plaisir de vous voir; on me distrait à présent du plaisir de vous écrire et l'on me désespère. Je viens de m'arracher de mon lit pour achever une frisure commencée d'hier; quatre pesantes mains accablent ma pauvre tête. Ce n'est pas le pire pour elle; j'entends résonner à mes oreilles, le fer, les papillotes; il est trop chaud... Quel ajustement Madame mettra-t-elle donc aujourd'hui? Cela va avec telle robe... Angélique, faites donc le toquet[2]; Marianne, apprêtez le panier[3] (vous entendez bien que c'est la suprême *Tintin* qui ordonne ainsi). Elle a beaucoup de peine à nettoyer ma montre avec un vieux gant, elle me fait voir que le fond en est toujours noir. Ce n'est pas tout. Un militaire pérore de l'expulsion des jésuites[4]; deux médecins parlent, je crois, de guerre ou se la font peut-être; un archevêque me montre une décoration d'architecture; l'un veut attirer mes regards, l'autre occuper mon esprit, tous obtenir mon attention. Vous seule intéressez mon cœur. On me crie de l'autre chambre : « Madame, voilà les trois quarts; le roi va passer pour la messe... — Allons! vite! vite! mon bonnet, ma coiffe, mon manchon, mon éventail, mon livre; ne scandalisons personne. Ma chaise, mes porteurs; partons! » — J'arrive de la messe; une femme de mes amies entre presque aussitôt que moi; elle est en habit; mon très petit cabinet est rempli de la vastitude de son panier. Elle veut que je continue : « Je n'en ferai rien, madame; je ne serai pas assez mon ennemie pour me priver du plaisir de vous voir et de vous entendre. » Enfin elle est partie; reprenons

---

1. Le président Hénault, surintendant de la maison de la reine, ami de Mme du Deffand.
2. Coiffure de femme.
3. Sorte de corps de jupe baleiné servant à faire bouffer les jupes, les robes.
4. L'édit royal confirmant l'expulsion des jésuites avait paru le 26 novembre 1762, soit quelques jours plus tôt.

ma lettre; mais on vient de me dire que le courrier de Paris va partir : « Il demande si Madame n'a rien à lui donner. — Eh si fait, vraiment! J'écris à ma chère enfant, qu'il attende. » Une jeune Irlandaise vient me solliciter pour une grâce que je ne lui ferai pas obtenir. Un fabricant de Tours vient me remercier d'un bien que je ne lui ai pas procuré. Celui-ci vient me présenter son frère que je ne verrai pas; il n'y a pas jusqu'à Mlle Fel [1] qui vient chez moi.

J'entends le tambour; les chaises de mon antichambre sont culbutées : ce sont les officiers suisses qui se précipitent dans la cour [2].

Le maître d'hôtel vient demander si je veux qu'on serve? Il m'avertit que le salon est plein de monde, que Monsieur est rentré, qu'il a demandé à dîner. — Allons donc, il faut finir. Voilà le tableau exact de tout ce que j'ai éprouvé hier et aujourd'hui en vous écrivant, et presque tout cela à la fois; jugez si je suis lasse du monde, et si vous devez vous donner tant de peine pour m'en procurer; jugez aussi si je vous aime pour pouvoir m'occuper de vous, et comme votre pauvre grand'maman [3] est impatientée, tiraillée, harcelée! Plaignez-la, aimez-la, et vous la consolerez de tout.

Mme de Choiseul, Lettre à Mme du Deffand.

[CONTRE LE MARIAGE]

C'est dans un milieu bourgeois que se situe l'action de la plupart des pièces de Marivaux (1688-1763). Les jeunes filles de son théâtre témoignent souvent de beaucoup d'indépendance; ainsi Lucile, dans *Les serments indiscrets*. Elle vient d'écrire une lettre destinée à Damis, avec qui

---

1. Chanteuse à l'Opéra.
2. Le duc de Choiseul était colonel général des Suisses.
3. Mme de Choiseul avait trente-neuf ans de moins que sa correspondante! Mais, dit G. Lanson (*édit. citée*, p. 395), « malgré la différence des âges, c'est bien (Mme du Deffand) qui est la petite-fille et Mme de Choiseul la grand-maman. » Façon de parler, bien entendu : Mme de Choiseul se donnait des airs maternels vis-à-vis de son aînée.

on a convenu de la marier, pour lui ôter ses espérances. Elle demande à Lisette, sa suivante, de porter cette lettre, et lui expose les raisons qu'elle a de ne pas consentir au mariage.

LUCILE. — Je sens un fond de délicatesse et de goût qui serait toujours choqué dans le mariage, et je n'y serais pas heureuse.

LISETTE. — Bagatelle ! Il ne faut que deux ou trois mois de commerce avec un mari pour expédier votre délicatesse; allez, déchirez votre lettre.

LUCILE. — Je te dis que mon parti est pris, et je veux que tu la portes. Est-ce que tu crois que je me pique d'être plus indifférente qu'une autre? Non, je ne me vante point de cela, et j'aurais tort de le faire; car j'ai l'âme tendre, quoique naturellement vertueuse : et voilà pourquoi le mariage serait une très mauvaise condition pour moi. Une âme tendre et douce a des sentiments, elle en demande; elle a besoin d'être aimée parce qu'elle aime, et une âme de cette espèce-là entre les mains d'un mari n'a jamais son nécessaire.

LISETTE. — Oh ! dame, ce nécessaire-là est d'une grande dépense, et le cœur d'un mari s'épuise.

LUCILE. — Je les connais un peu, ces Messieurs-là; je remarque que les hommes ne sont bons qu'en qualité d'amants; c'est la plus jolie chose du monde que leur cœur, quand l'espérance les tient en haleine; soumis, respectueux et galants, pour le peu que vous soyez aimable avec eux, votre amour-propre est enchanté; il est servi délicieusement; on le rassasie de plaisirs; folie, fierté, dédain, caprices, impertinences, tout nous réussit, tout est raison, tout est loi; on règne, on tyrannise, et nos idolâtres sont toujours à genoux. Mais les épousez-vous, la déesse s'humanise-t-elle, leur idolâtrie finit où nos bontés commencent. Dès qu'ils sont heureux, les ingrats ne méritent plus de l'être.

LISETTE. — Les voilà.

LUCILE. — Oh ! pour moi, j'y mettrai bon ordre, et le personnage de déesse ne m'ennuiera pas, Messieurs, je vous assure. Comment donc ! Toute jeune, et tout aimable que je suis, je n'en aurais pas pour six mois aux yeux d'un mari, et mon visage serait mis au rebut ! De dix-huit ans qu'il a, il sauterait tout d'un coup à cinquante? Non pas, s'il vous plaît; ce serait un meurtre; il ne vieillira qu'avec le temps, et n'enlaidira qu'à force de durer; je veux qu'il n'appartienne qu'à moi, que personne n'ait à voir ce que j'en ferai, qu'il ne relève que de moi seule. Si j'étais mariée, ce ne serait plus mon visage; il serait à mon mari, qui le laisserait là, à qui il ne plairait pas, et qui lui défendrait de plaire à d'autres; j'aimerais autant n'en point avoir. Non, non, Lisette, je n'ai point envie d'être coquette; mais il y a des moments où le cœur vous en dit, et où l'on est bien aise d'avoir les yeux libres; ainsi, plus de discussion ; va porter ma lettre à Damis, et se range qui voudra sous le joug du mariage!

Marivaux, *Les serments indiscrets* I, 2.

— *A lire* : Marivaux, *Le jeu de l'amour et du hasard*, I, 1 (Dialogue entre Silvia et sa suivante sur les avantages et les inconvénients du mariage : les hommes se conduisent tout différemment une fois qu'on les a épousés).

[CHARRETTE DE FILLES PUBLIQUES]

Les nuits de Paris, de Nicolas Restif de la Bretonne (1734-1806), nous révèlent l'envers d'une société que l'on aurait tendance à imaginer brillante et facile à la seule lecture des correspondances ou du théâtre de l'époque. « Les *Nuits*, écrit Marcel Thiébaut dans la préface à l'édition citée, c'est à la faveur d'une longue série de tableaux auxquels l'ombre donne parfois l'apparence du fantastique, la première affirmation du *réalisme ;* c'est aussi la révélation de la vie populaire. »

« J'ai été voir juger les filles publiques arrêtées, et mises à Saint-Martin [1]. Au moment où je suis arrivé,

---

1. Saint-Martin-des-Champs : prison des filles, jusqu'en 1785 où elles furent transférées à la Petite Force.

j'ai vu le désordre; il y en avait qui pleuraient, d'autres qui riaient et faisaient des folies. Tous les mouchards [1] étaient des deux côtés sur les bancs : les filles leur disaient des injures. Derrière elles étaient les hommes. Aucun de ceux-ci n'était effronté; l'effronterie est le lot de la femme corrompue, parce que la femme n'a pas la même étendue de raison que le premier sexe. Au moment où le magistrat a paru, il s'est fait un silence profond : toutes ces malheureuses ont été décentes et respectueuses. Mais, mon ami, quel spectacle ! On avilit trop l'humanité, dans nos usages ! Je frémissais !... Un mot, prononcé sur le simple exposé d'un commissaire juge et partie, décidait le sort de telle infortunée, pour laquelle l'hôpital [2] est un malheur irréparable ! Hé ! pourquoi cet hôpital? Que veut dire cette conduite inhumaine? Réglez, réglez et ne punissez pas ! Des tigres ont-ils donc fait les lois? — Mon ami, interrompis-je, j'ai senti tout cela comme vous. » [...]

Nous passâmes devant l'horrible édifice de la rue Pavée [3], que nous considérâmes. Quelle masse de pierre ! quelle porte effrayante ! Nous ne désapprouvâmes pas qu'on donne cette hideuse entrée aux prisons; elle peut servir de frein... Mais ces cachots souterrains, que nous avions vu creuser auparavant, à quoi servent-ils? Du Hameauneuf me dit ensuite : « Ce n'est pas sans dessein que j'ai cédé à la curiosité de la marquise et de sa petite société. Je voulais passer la nuit. Allons sur l'île Saint-Louis; nous y attendrons la charrette des filles condamnées hier à l'hôpital... » Je ne suis pas curieux d'horreurs, mais, comme je n'avais pas encore vu ce triste spectacle, j'y consentis. Nous fîmes le tour de l'île, en remarquant mes dates qui commençaient à être lisibles : puis nous nous tînmes au bout du pont de la Tournelle. Les infortunées ne tardèrent pas. Les gens grossiers, les riviérins surtout, leur disaient des injures,

---

1. Espions de police.
2. Nous dirions aujourd'hui l'« hospice ». Les filles publiques y étaient « recueillies » avec les détenues de droit commun.
3. Il s'agit de la Petite Force, aménagée à partir de 1780 dans l'hôtel de la Force.

auxquelles les effrontées répondaient; tandis que d'autres, à demi évanouies, expiraient de honte et de douleur. Une surtout, jeune et jolie, paraissait mourante. Nous nous informâmes... C'était un tour cruel qu'on lui avait joué !... C'est ainsi que la jeune Rose de la 150ᵉ *Contemporaine* [1] fut assimilée aux libertines les plus effrénées ! Ce n'est pas punir le vice ; ce n'est pas corriger ; c'est dégrader l'espèce humaine que de la condamner à l'infamie, avant le crime !

Nicolas Restif de la Bretonne, *Les nuits de Paris*, 357ᵉ nuit.

> — Sur le sort réservé aux filles publiques, voire à toute jeune fille convaincue de débauche, se reporter à : Abbé Prévost, *Manon Lescaut*, première partie. Manon est enfermée à l'hôpital (il s'agit en fait de l'hôpital de la Salpêtrière, où les détenues étaient soumises à un régime des plus barbares). Au xixᵉ siècle encore, Balzac, dans *La peau de chagrin*, fait dire à deux courtisanes : « L'avenir, nous le connaissons, c'est l'hôpital. » (Bibl. de la Pléiade, t. IX, p. 68).

● **Caractère et vocation de la femme**

[« FAITES POUR ADOUCIR LES MŒURS DES HOMMES »]

Image même du progrès dans de nombreux domaines, Voltaire (1694-1778) ne s'est guère préoccupé du problème de l'émancipation de la femme. On en jugera d'après ces lignes, extraites de l'article *Femme* de son *Dictionnaire philosophique*.

En général elle (la femme) est bien moins forte que l'homme, moins grande, moins capable de longs travaux ; son sang est plus aqueux, sa chair moins

_____

1. *Les contemporaines* ou *Aventures des plus jolies femmes* (1780-1785), ouvrage en 40 volumes.

compacte, ses cheveux plus longs, ses membres plus arrondis, les bras moins musculeux, la bouche plus petite, les fesses plus relevées, les hanches plus écartées, le ventre plus large. Ces caractères distinguent les femmes dans toute la terre, chez toutes les espèces, depuis la Laponie jusqu'à la côte de Guinée, en Amérique comme à la Chine. [...]

Il n'est pas étonnant qu'en tout pays l'homme se soit rendu maître de la femme, tout étant fondé sur la force. Il a d'ordinaire beaucoup de supériorité par celle du corps et même de l'esprit.

On a vu des femmes très-savantes comme il en fut de guerrières; mais il n'y en a jamais eu d'inventrices.

L'esprit de société et d'agrément est communément leur partage. Il semble, généralement parlant, qu'elles soient faites pour adoucir les mœurs des hommes.

Dans aucune république elles n'eurent jamais la moindre part au gouvernement; elles n'ont jamais régné dans les empires purement électifs; mais elles règnent dans presque tous les royaumes héréditaires de l'Europe, en Espagne, à Naples, en Angleterre, dans plusieurs États du Nord, dans plusieurs grands fiefs qu'on appelle *féminins*.

Voltaire, *Dictionnaire philosophique*, III.

[« QUAND ELLES ONT DU GÉNIE... »]

Diderot (1713-1784) répond, dans le morceau dont nous reproduisons ici les dernières pages, à un Éloge de la femme, composé par Antoine-Léonard Thomas, académicien coutumier de ce genre d'écrits et bien oublié aujourd'hui. Dans une note de l'édition citée, André Billy fait observer que « l'homme qui conseille à qui veut écrire des femmes de tremper sa plume dans l'arc-en-ciel, est un amoureux. En 1772, ajoute-t-il, Diderot était encore amoureux de Mme de Meaux ». On l'aurait presque deviné au ton de ce passage.

Femmes, que je vous plains ! Il n'y avait qu'un dédommagement à vos maux; et si j'avais été législateur, peut-être l'eussiez-vous obtenu. Affranchies de toute servitude, vous auriez été sacrées en quelque endroit que vous eussiez paru. Quand on écrit des femmes, il faut tremper sa plume dans l'arc-en-ciel et jeter sur sa ligne la poussière des ailes du papillon ; comme le petit chien du pèlerin, à chaque fois qu'on secoue la patte, il faut qu'il en tombe des perles ; et il n'en tombe point de celle de M. Thomas. Il ne suffit pas de parler des femmes, et d'en parler bien, monsieur Thomas, faites encore que j'en voie. Suspendez-les sous mes yeux, comme autant de thermomètres des moindres vicissitudes des mœurs et des usages. Fixez, avec le plus de justesse et d'impartialité que vous pourrez, les prérogatives de l'homme et de la femme ; mais n'oubliez pas que, faute de réflexions et de principes, rien ne pénètre jusqu'à une certaine profondeur de conviction dans l'entendement des femmes ; que les idées de justice, de vertu, de vice, de bonté, de méchanceté, nagent à la superficie de leur âme ; qu'elles ont conservé l'amour-propre et l'intérêt personnel avec toute l'énergie de nature ; et que, plus civilisées que nous en dehors, elles sont restées de vraies sauvages en dedans, toutes machiavélistes, du plus au moins. Le symbole des femmes en général est celle de l'Apocalypse, sur le front de laquelle il est écrit : **Mystère.** Où il y a un mur d'airain pour nous, il n'y a souvent qu'une toile d'araignée pour elles. On a demandé si les femmes étaient faites pour l'amitié. Il y a des femmes qui sont hommes, et des hommes qui sont femmes ; et j'avoue que je ne ferai jamais mon ami d'un homme-femme. Si nous avons plus de raison que les femmes, elles ont bien plus d'instinct que nous. La seule chose qu'on leur ait apprise, c'est à bien porter la feuille de figuier qu'elles ont reçue de leur première aïeule. Tout ce qu'on leur a dit et répété dix-huit à dix-neuf ans de suite se réduit à ceci : Ma fille, prenez garde à votre feuille de figuier ; votre feuille de figuier va bien, votre feuille de figuier va mal. Chez une nation galante, la chose la moins sentie est la valeur d'une déclaration. L'homme et la femme n'y voient qu'un échange de jouissances. Cependant, que signifie ce mot si légèrement prononcé, si frivolement interprêté : *Je vous aime!* Il signifie réellement : « Si vous vouliez me sacrifier votre innocence et vos mœurs ; perdre le respect que vous vous portez à vous-même, et que vous obtenez des autres ; marcher les yeux baissés dans la société, du moins jusqu'à ce que, par l'habitude du libertinage, vous en ayez acquis l'effronterie ; renoncer à tout état honnête ; faire mourir vos parents de douleur, et m'accorder un moment de plaisir, je vous en serais vraiment obligé. » Mères, lisez ces lignes à vos jeunes filles : c'est, en abrégé, le commentaire de tous les discours flatteurs qu'on leur adressera ; et vous ne pouvez les en prévenir de trop bonne heure. On a mis tant d'importance à la galanterie, qu'il semble qu'il ne reste aucune vertu à celle qui a franchi ce pas. C'est comme la fausse dévote et le mauvais prêtre, en qui l'incrédulité est presque le sceau de la dépravation. Après avoir commis le grand crime, ils ne peuvent avoir horreur de rien. Tandis que nous lisons dans des livres, elles lisent dans le grand livre du monde. Aussi leur ignorance les dispose-t-elle à recevoir promptement la vérité, quand on la leur montre. Aucune autorité ne les a subjuguées ; au lieu que la vérité trouve à l'entrée de nos crânes un Platon, un Aristote, un Épicure, un Zénon, en sentinelles, et armés de piques pour la repousser. Elles sont rarement systématiques, toujours à la dictée du moment. Thomas ne dit pas un mot des avantages du commerce des femmes pour un homme de lettres ; et c'est un ingrat. L'âme des femmes n'étant pas plus honnête que la nôtre, mais la décence ne leur permettant pas de s'expliquer avec notre franchise, elles se sont fait un ramage délicat, à l'aide duquel on dit honnêtement tout ce qu'on veut quand on a été sifflé dans leur volière. Ou les femmes se taisent, ou souvent elles ont l'air de n'oser dire ce qu'elles disent. On s'aperçoit aisément que Jean-Jacques a perdu bien des moments aux genoux des femmes, et que Marmontel en a beaucoup employé entre leurs bras. On soupçonnerait volontiers Thomas et d'Alembert d'avoir été trop sages. Elles nous accoutument encore à mettre de l'agrément et de la clarté dans les matières les plus sèches et les plus épineuses.

On leur adresse sans cesse la parole ; on veut en être écouté ; on craint de les fatiguer ou de les ennuyer ; et l'on prend une facilité particulière de s'exprimer, qui passe de la conversation dans le style. Quand elles ont du génie, je leur en crois l'empreinte plus originale qu'en nous.

Diderot

— Dans son éloge des femmes, Diderot leur reconnaît cependant quelques infériorités par rapport aux hommes. S'agit-il toutefois d'infériorités véritables, ou de grâces supplémentaires ?

— Le reproche adressé par la plupart des penseurs féministes aux hommes qui ont parlé des femmes est de les avoir considérées toujours *par rapport aux hommes*, jamais *en elles-mêmes*. Dans quelle mesure Diderot vous paraît-il ici mériter ce reproche, ou devoir y échapper ?

— L'un des principaux griefs que Diderot formule ici à l'encontre de M. Thomas concerne le *style* dont il a usé pour parler des femmes (« Quand on écrit des femmes, il faut tremper sa plume dans l'arc-en-ciel.. »). Diderot évite-t-il dans ce passage la monotonie qu'il reproche à l'académicien ? Trouve-t-on, sous sa plume, les « perles » qu'il a cherchées en vain sous celle de M. Thomas ?

— Vous commenterez la formule qui clôt ce passage : « Quand elles ont du génie, je leur en crois l'empreinte plus originale qu'en nous. » Que contient-elle de restrictif ? Quels exemples Diderot pouvait-il, selon vous, invoquer à l'appui de sa thèse ? Son affirmation ne va-t-elle pas à l'encontre de certaines thèses féministes suivant lesquelles l'esclavage où l'on a réduit les femmes n'a permis à aucune d'elles de s'épanouir librement (voir dans notre Introduction, *La femme dans l'art et la littérature*, ce que dit à ce sujet Marie Bashkirtseff) ?

[« NE FAITES POINT DE VOTRE FILLE UN HONNETE HOMME »]

Dans son traité intitulé *Émile ou de l'éducation*, Jean-Jacques Rousseau (1712-1778) se préoccupe du moment où, Émile étant devenu homme, il faudra lui donner une compagne. Cette compagne s'appelle Sophie. « Sophie, écrit-il, doit être femme comme Émile est homme, c'est-à-dire avoir tout ce qui convient à la constitution de son espèce et de son sexe pour remplir sa place dans l'ordre physique et moral. » Rousseau a beau consacrer une partie de son traité à l'éducation des femmes : on pourrait dire, parodiant Molière, que pour lui, si le genre humain se divise en deux moitiés, ces deux moitiés n'ont pas d'égalité. C'est en tant que compagne d'Émile que Sophie l'intéresse, et il ne craint pas d'affirmer que « toute l'éducation des femmes doit être relative aux hommes ».

Toutes les facultés communes aux deux sexes ne leur sont pas également partagées ; mais prises en tout, elles se compensent. La femme vaut mieux comme femme et moins comme homme ; partout où elle fait valoir ses droits, elle a l'avantage; partout où elle veut usurper les nôtres, elle reste au-dessous de nous. On ne peut répondre à cette vérité générale que par des exceptions; constante manière d'argumenter des galants partisans du beau sexe.

Cultiver dans les femmes les qualités de l'homme, et négliger celles qui leur sont propres, c'est donc visiblement travailler à leur préjudice. Les rusées le voient trop bien pour en être les dupes ; en tâchant d'usurper nos avantages, elles n'abandonnent pas les leurs : mais il arrive de là que, ne pouvant bien ménager les uns et les autres parce qu'ils sont incompatibles, elles restent au-dessous de leur portée sans se mettre à la nôtre, et perdent la moitié de leur prix. Croyez-moi, mère judicieuse, ne faites point de votre fille un honnête homme, comme pour donner un démenti à la nature : faites-en une honnête femme, et soyez sûre qu'elle en vaudra mieux pour elle et pour nous.

S'ensuit-il qu'elle doive être élevée dans l'ignorance de toute chose, et bornée aux seules fonctions du ménage ? L'homme fera-t-il sa servante de sa compagne ? Se privera-t-il auprès d'elle du plus grand charme de la société? Pour mieux l'asservir l'empêchera-t-il de rien sentir, de rien connaître? En fera-t-il un véritable automate? Non, sans doute ; ainsi ne l'a pas dit la nature, qui donne aux femmes un esprit si agréable et si délié ; au contraire, elle veut qu'elles pensent, qu'elles jugent, qu'elles aiment, qu'elles connaissent, qu'elles cultivent leur esprit comme leur figure ; ce sont les armes qu'elle leur donne pour suppléer à la force qui leur manque et pour diriger la nôtre. Elles doivent apprendre beaucoup de choses, mais seulement celles qu'il leur convient de savoir.

> J.-.J. Rousseau, *Émile ou de l'éducation*,
> livre V.

— Comparer avec les idées sur l'éducation des femmes de Fénelon, Mme Roland et Stendhal (textes cités dans le présent volume).

— *A lire* : J.-J. Rousseau, *Julie ou la nouvelle Héloïse* ; sur l'éducation et la vocation des femmes : passim ; sur les Parisiennes : seconde partie, lettre XXI.

[« JE NE FERAI POINT DE MA FILLE UNE VIRTUOSE »]

Mme Roland (1754-1793) était l'épouse de Jean-Marie Roland de la Platière, ministre de l'Intérieur en 1792, accusé de trahison par Marat : faute de pouvoir l'arrêter, on arrêta sa femme ; incarcérée à Sainte-Pélagie, elle fut guillotinée. C'est en prison qu'elle écrivit ses *Mémoires*. A vingt ans, elle écrivait à Sophie Cannet : « On pourrait dire des femmes que, favorisées par la nature à tant d'égards, faites pour embellir l'univers, il ne leur manque que d'être élevées comme les hommes pour l'étonner et lui montrer les vertus que jusque-là il croyait affectées aux hommes par préférence. » Le rôle de la femme se trouve défini de façon plus spécifique trois ans plus tard : « Les hommes régissent les empires, les femmes gouvernent les cœurs... La nature semble n'avoir mis les femmes au second rang que pour les faire travailler plus efficacement au bien de ceux qu'elle leur rendit supérieurs. » Dans ses *Mémoires*, Mme Roland donne de l'éducation des femmes une image plus conforme à l'idée que s'en faisaient ses contemporains.

L'étude des beaux-arts, considérée comme partie de l'éducation des femmes, doit, ce me semble, avoir moins pour objet de leur faire acquérir un talent distingué, que de leur inspirer le goût du travail, de leur faire contracter l'habitude de l'application et de multiplier leurs moyens d'occupation ; car c'est ainsi qu'on échappe à l'ennui, la plus cruelle maladie de l'homme en société ; c'est ainsi qu'on se préserve des écueils du vice et même des séductions bien plus à craindre que lui.

Je ne ferai point de ma fille une virtuose ; je me souviendrai que ma mère avait peur que je devinsse grande musicienne ou que je me consacrasse uniquement à la peinture parce qu'elle voulait, par-dessus tout, que j'aimasse les devoirs de mon sexe et que je fusse femme de ménage comme mère de famille. Il faut que mon Eudora s'accompagne agréablement sur la harpe, ou se joue légèrement sur le *forte-piano ;* qu'elle sache du dessin ce qu'il en est besoin pour contempler avec plus de plaisir les chefs-d'œuvre des grands maîtres ; pour tracer ou imiter une fleur qui lui plaît et mêler, à tout ce qui fait sa parure, le goût et l'élégance de la simplicité ; je veux que ses talents ordinaires n'inspirent pas aux autres plus d'admiration qu'à elle de vanité ; je veux qu'elle plaise par l'ensemble, sans étonner jamais au premier coup d'œil, et qu'elle sache mieux attacher par des qualités que briller par des agréments.

Mme Roland, *Mémoires.*

— Tantôt Mme Roland considère les problèmes de la femme au même titre que ceux des hommes (quand elle dit, dans le premier paragraphe, que l'ennui est « la plus cruelle maladie de l'homme », le terme d'« homme » recouvre évidemment les deux sexes); tantôt elle interdit aux femmes ce qu'elle tolère aux hommes (quand elle souhaite, dans le deuxième paragraphe, que sa fille « contemple avec plus de plaisir les chefs-d'œuvre des grands maîtres », elle semble admettre que le pouvoir de création est réservé aux hommes, et qu'une femme ne saurait faire mieux qu'apprécier à leur juste valeur les réalisations de l'autre sexe). Vous vous efforcerez de dire ce qui vous paraît fondé, ou en tout cas cohérent, dans les opinions de Mme Roland, et ce qui vous paraît plus discutable.

● Mystère de la femme orientale

[LA PRINCESSE BADROULBOUDOUR]

En publiant, de 1704 à 1717, les contes des *Mille et une nuits*, l'orientaliste Antoine Galland contribua pour une bonne part à la vogue qu'allait connaître l'orientalisme au XVIIIe siècle. Mystérieuses, voilées, confinées dans des harems, les femmes d'Orient exerçaient en particulier un grand pouvoir de fascination. L'extrait que nous citons est tiré de la fameuse histoire d'Aladdin et de sa lampe merveilleuse.

Un jour, en se promenant dans un quartier de la ville, Aladdin entendit publier, à haute voix, un ordre du sultan, de fermer les boutiques et les portes des maisons et de se renfermer chacun chez soi, jusqu'à ce que la princesse Badroulboudour[1], fille du sultan, fût passée pour aller au bain et qu'elle en fût revenue.

Ce cri public fit naître à Aladdin la curiosité de voir la princesse à découvert ; mais il ne le pouvait qu'en se mettant dans quelque maison de connaissance et à travers une jalousie ; ce qui ne le contentait pas, parce que la princesse, selon la coutume, devait avoir un voile sur le visage en allant au bain. Pour se satisfaire, il s'avisa d'un moyen qui lui réussit : il alla se placer derrière la porte du bain, qui était disposée de manière qu'il ne pouvait manquer de la voir venir en face.

Aladdin n'attendit pas longtemps : la princesse parut, et il la vit venir au travers d'une fente assez

---

1. C'est-à-dire, *pleine lune des pleines lunes*.

grande pour voir sans être vu. Elle était accompagnée d'une grande foule de ses femmes et d'eunuques, qui marchaient sur les côtés et à sa suite. Quand elle fut à trois ou quatre pas de la porte du bain, elle ôta le voile qui lui couvrait le visage et qui la gênait beaucoup ; et, de la sorte, elle donna lieu à Aladdin de la voir d'autant plus à son aise, qu'elle venait droit à lui.

Jusqu'à ce moment, Aladdin n'avait pas vu d'autres femmes, le visage découvert, que sa mère, qui était âgée et qui n'avait jamais eu d'assez beaux traits pour lui faire juger que les autres femmes fussent plus belles. Il pouvait bien avoir entendu dire qu'il y en avait d'une beauté surprenante ; mais, quelques paroles qu'on emploie pour relever le mérite d'une beauté, jamais elles ne font l'impression que la beauté fait elle-même.

Lorsque Aladdin eut vu la princesse Badroulboudour, il perdit la pensée qu'il avait que toutes les femmes dussent ressembler à peu près à sa mère ; ses sentiments se trouvèrent bien différents, et son cœur ne put refuser toutes ses inclinations à l'objet qui venait de le charmer. En effet, la princesse était la plus belle brune que l'on pût voir au monde : elle avait les yeux grands, à fleur de tête, vifs et brillants, le regard doux et modeste, le nez d'une juste proportion et sans défaut, la bouche petite, les lèvres vermeilles et toutes charmantes par leur agréable symétrie ; en un mot, tous les traits de son visage étaient d'une régularité accomplie. On ne doit donc pas s'étonner si Aladdin fut ébloui et presque hors de lui-même à la vue de l'assemblage de tant de merveilles qui lui étaient inconnues. Avec toutes ces perfections, la princesse avait encore une riche taille, un port et un air majestueux, qui, à la voir seulement, lui attiraient le respect qui lui était dû.

Quand la princesse fut entrée dans le bain, Aladdin demeura quelque temps interdit et comme en extase en retraçant et en s'imprimant profondément l'idée d'un objet dont il était charmé et pénétré jusqu'au fond du cœur. Il rentra enfin en lui-même ; et, en considérant que la princesse était passée et qu'il garderait inutilement son poste pour la revoir à la sortie du bain, puisqu'elle devait lui tourner le dos et être voilée, il prit le parti de l'abandonner et de se retirer.

> *Histoire d'Aladdin* (*Les mille et une nuits*, trad. A. Galland, Garnier, tome 3, pp. 81-83).

— *A lire* (sur la vision de la femme orientale dans la France du XVIIIe siècle) : Montesquieu, *Lettres persanes*, lettres 146 à 160.

● **L'éveil de la sensualité**

[COMMENT LA PASSION VIENT AUX FEMMES]

Claude Crébillon (1707-1777), plus souvent nommé Crébillon fils, est avec Choderlos de Laclos l'un des rares auteurs du XVIIIe siècle à oser représenter l'amour chez la femme avec autant de liberté que chez l'homme. Ainsi dans ce passage des *Égarements du cœur et de l'esprit*, roman paru en 1736-1738.

Une femme, quand elle est jeune, est plus sensible au plaisir d'inspirer des passions, qu'à celui d'en prendre. Ce qu'elle appelle tendresse, n'est le plus souvent qu'un goût vif, qui la détermine plus promptement que l'amour même, l'amuse pendant quelque temps, et s'éteint sans qu'elle le sente ou le regrette. Le mérite de s'attacher un Amant pour toujours ne vaut pas à ses yeux celui d'en enchaîner plusieurs. Plutôt suspendue que fixée, toujours livrée au caprice, elle songe moins à l'objet qui la possède qu'à celui qu'elle voudrait qui la possédât. Elle attend toujours le plaisir, et n'en jouit jamais : elle se donne un Amant, moins parce qu'elle le trouve aimable, que pour prouver qu'elle l'est. Souvent elle ne connaît pas mieux celui qu'elle quitte que celui qui lui succède. Peut-être si elle avait pu le garder plus longtemps, l'aurait-elle aimé ; mais est-ce sa faute si elle est infidèle? Une jolie femme dépend bien moins d'elle-même que des circonstances ; et par malheur il s'en trouve tant, de si peu prévues, de si pressantes qu'il n'y a point à s'étonner si, après plusieurs aventures, elle n'a connu ni l'amour, ni son cœur.

Est-elle parvenue à cet âge où ses charmes commencent à décroître, où les hommes indifférents pour elle lui annoncent par leur froideur que bientôt ils ne la verront qu'avec dégoût, elle songe à prévenir la solitude qui l'attend. Sûre autrefois qu'en changeant d'Amants, elle ne changeait que de plaisirs ; trop heureuse alors de conserver le seul qu'elle possède, ce que lui a coûté sa conquête la lui rend précieuse. Constante par la perte qu'elle ferait à ne l'être pas, son cœur peu à peu s'accoutume au sentiment. Forcée par la bienséance d'éviter tout ce qui aidait à la dissiper et à la corrompre, elle a besoin pour ne pas tomber dans la langueur de se livrer tout entière à l'amour, qui, n'étant dans sa vie passée qu'une occupation momentanée et confondue avec mille autres, devient alors son unique ressource : elle s'y attache avec fureur ; et ce qu'on croit la dernière fantaisie d'une femme est bien souvent sa première passion.

Cl. Crébillon, *Les égarements du cœur et de l'esprit.*

— « Une jeune fille de dix-huit ans n'a pas assez de cristallisation en son pouvoir, forme des désirs trop bornés par le peu d'expérience qu'elle a des choses de la vie, pour être en état d'aimer avec autant de passion qu'une femme de vingt-huit. » (Stendhal, *De l'amour*, livre premier, chap. VIII). Voir aussi ce que dit Stendhal de l'amour-goût au XVIIIᵉ siècle, et notamment chez Crébillon (*ibid.*, I, I), et de la différence dans la naissance de l'amour entre les deux sexes (*ibid.*, I, VII à XI).

[LA VOLUPTÉ CHEZ LES JEUNES FILLES]

Friedrich Schlegel (1772-1829) aimait Dorothea Mendelssohn lorsqu'il écrivit *Lucinde*, roman paru en 1799. Ce roman, qui fut considéré en son temps comme un roman érotique, est par certains aspects un bel hymne à la femme et à son affranchissement.

Le vêtement féminin a de grands avantages sur le vêtement masculin. Ainsi, l'esprit féminin sur le nôtre : une seule combinaison hardie permet de se placer au-delà des préjugés de la culture et des conventions bourgeoises. Et l'on se retrouve ainsi, d'un seul coup, en état d'innocence et au sein de la nature.

A qui donc la rhétorique de l'amour adresserait-elle son apologie de la nature et de l'innocence, si ce n'est aux femmes ? Le feu de la divine volupté est en leur tendre sein et ne peut s'y éteindre, si négligé ou corrompu soit-il. [...] Parmi elles, il n'en est point qui ne soient initiées car chacune possède tout cet amour dont nous, jeunes gens, nous apprenons et recherchons sans cesse l'essence inépuisable. Qu'il soit déjà éclos ou encore en germe, peu importe ! La jeune fille elle-même sait déjà tout dans sa candeur naïve, avant même que l'éclair de l'amour n'ait embrasé son tendre sein et épanoui le bourgeon fermé en florissant calice de plaisir. Si le bourgeon avait la faculté de sentir, le pressentiment de la fleur ne serait-il pas plus perceptible en lui que sa conscience de soi?

C'est pourquoi dans le développement de l'amour féminin il n'y a ni degrés, ni étapes : rien de général — autant d'individus, autant d'espèces particulières. Aucun Linné [1] ne peut classifier et détériorer toutes ces belles végétations, ces belles plantes du jardin de la vie ; seul l'initié, le favori des dieux connaît cette merveilleuse botanique, l'art divin de deviner leur pouvoir et leurs beautés secrètes, le temps de leur floraison et le sol dont elles ont besoin. Là où est le commencement du monde, ou du moins le commencement de l'humanité, là aussi se trouve le véritable cœur de l'originalité. Aucun sage n'a approfondi la féminité.

Une chose, certes, semble diviser les femmes en deux classes. Voici : ou elles respectent et honorent les sens, la nature, elles-mêmes et la virilité, ou elles ont perdu l'innocence intérieure et paient chaque jouissance d'un remords, jusqu'à atteindre une amère

---

1. Naturaliste suédois auteur d'une classification des plantes.

insensibilité envers ce désaveu intérieur. C'est l'histoire de bien des femmes ! D'abord, elles ont peur des hommes, puis elles sont livrées à des malotrus qu'elles haïssent et qu'elles trompent jusqu'à mépriser en elles-mêmes leur destination de femmes. Elles tiennent pour générale leur petite expérience et le reste pour ridicule. Le cercle étroit de grossièreté et de vulgarité où elles tournent en rond est à leurs yeux tout l'univers et l'idée ne leur vient pas qu'il puisse y en avoir d'autres. Pour elles, les hommes ne sont pas des êtres humains, mais seulement des hommes, espèce fâcheuse, mais pourtant indispensable contre l'ennui. Elles deviennent alors aussi une espèce, l'une semblable à l'autre, sans originalité ni amour.

Mais sont-elles inguérissables parce qu'elles ne sont pas guéries ? Il m'est évident que rien n'est plus contrenature pour une femme que la pruderie (un vice auquel je ne peux penser sans une certaine fureur intime) et rien n'est plus pénible que ce qui est contrenature. Je ne voudrais donc fixer aucune frontière ni tenir aucune femme pour incurable. Je crois qu'on ne peut jamais se fier à leur perversité, quels que soient le naturel et l'ingéniosité qu'elles y ont atteints, et jusqu'à une apparence d'esprit de suite et de caractère. Ce n'est qu'une apparence : il est absolument impossible d'éteindre le feu de l'amour ; sous les cendres les plus épaisses brillent des étincelles.

F. Schlegel, *Lucinde* (*Romantiques allemands*, Bibli. de la Pléiade, NRF, 1966, tome I, pp. 540-543).

● L'avènement de la femme « naturelle »

[LA PRÉSIDENTE DE TOURVEL]

Choderlos de Laclos (1741-1803), auteur des *Liaisons dangereuses*, roman par lettres qui fit scandale, est parfois considéré comme un apologiste du libertinage, alors que son œuvre tend précisément à le dénoncer : à la figure dépravée de la marquise de Merteuil s'oppose la belle et naïve présidente de Tourvel, que Roger Vailland présente dans son *Laclos par lui-même* comme la femme « naturelle », et que les mœurs corrompues du temps transformeront en victime. La lettre suivante est adressée par le vicomte de Valmont à sa « complice », la marquise de Merteuil.

6. Du Vicomte de Valmont à la Marquise de Merteuil à Paris.

Du château de ..., le 7 août 17...

Il n'est donc point de femme qui n'abuse de l'empire qu'elle a su prendre ! Et vous-même, vous que je nommais si souvent mon indulgente amie, vous cessez enfin de l'être, et vous ne craignez pas de m'attaquer dans l'objet de mes affections ! De quels traits vous osez peindre Mme de Tourvel !... Quel homme n'eût pas payé de sa vie cette insolente audace ? à quelle autre femme qu'à vous n'eût-elle pas valu au moins une noirceur ? De grâce, ne me mettez plus à d'aussi rudes épreuves ; je ne répondrais pas de les soutenir. Au nom de l'amitié, attendez que j'aie eu cette femme, si vous voulez en médire. Ne savez-vous pas que la seule volupté a le droit de détacher le bandeau de l'amour ?

Mais que dis-je ? A-t-elle besoin d'illusion ? non ; pour être adorable il lui suffit d'être elle-même. Vous lui reprochez de se mettre mal ; je le crois bien ; toute parure lui nuit ; tout ce qui la cache la dépare. C'est dans l'abandon du négligé qu'elle est vraiment ravissante. Grâce aux chaleurs accablantes que nous éprouvons, un déshabillé de simple toile me laisse voir sa taille ronde et souple. Une seule mousseline couvre sa gorge ; et mes regards furtifs, mais pénétrants, en ont déjà saisi les formes enchanteresses. Sa figure, dites-vous, n'a nulle expression. Et qu'exprimerait-elle, dans les moments où rien ne parle à son cœur ? Non, sans doute, elle n'a point, comme nos femmes coquettes, ce regard menteur qui séduit quelquefois et nous trompe toujours. Elle ne sait pas couvrir le vide d'une phrase par un sourire étudié ; et, quoiqu'elle ait les plus belles dents du monde, elle ne rit que de ce qui l'amuse. Mais il faut voir comme, dans les folâtres jeux, elle offre l'image d'une gaîté naïve et franche ! comme, auprès d'un malheureux qu'elle s'empresse de secourir son regard annonce la joie pure et la bonté compatissante ! Il faut voir, surtout au moindre mot d'éloge ou de cajolerie, se peindre, sur sa figure céleste, ce touchant embarras d'une modestie qui n'est point jouée. Elle est prude et dévote, et de là, vous la jugez froide et inanimée. Je pense bien différemment. Quelle étonnante sensibilité ne faut-il pas avoir pour la répandre jusques sur son mari, et pour aimer toujours un être toujours absent. Quelle preuve plus forte pourriez-vous désirer ? J'ai su pourtant m'en procurer une autre.

J'ai dirigé sa promenade de manière qu'il s'est trouvé un fossé à franchir ; et, quoique fort leste, elle est encore plus timide (vous jugez bien qu'une prude craint de sauter le fossé). Il a fallu se confier à moi. J'ai tenu dans mes bras cette femme modeste. Nos préparatifs et le passage de ma vieille tante l'avaient fait rire aux éclats : mais, dès que je me fus emparé d'elle, par une adroite gaucherie, nos bras s'enlacèrent naturellement. Je pressai son sein contre le mien ; et, dans ce court intervalle, je sentis son cœur battre plus vite. L'aimable rougeur vint colorer son visage, et son modeste embarras m'apprit assez *que son cœur avait palpité d'amour et non de crainte*. Ma tante cependant s'y trompa comme vous, et se mit à dire : « *L'enfant a eu peur* » ; mais la charmante candeur de *l'enfant* ne lui permit pas le mensonge, et elle répondit naïvement : « *Oh! non, ce n'est pas cela!* » Ce seul mot m'a éclairé. De ce moment, le doux espoir a remplacé la cruelle inquiétude. J'aurai cette femme; je l'enlèverai au mari qui la profane; j'oserai la ravir au Dieu même qu'elle adore. Quel délice d'être tour à tour l'objet et le vainqueur de ses remords! Loin de moi l'idée de détruire les préjugés qui l'assiègent! ils ajouteront à mon bonheur et à ma gloire. Qu'elle croie à la vertu, mais qu'elle me la sacrifie. Que ses fautes l'épouvantent sans pouvoir l'arrêter, et, qu'agitée de mille terreurs, elle ne puisse les oublier, les vaincre que dans mes bras. Qu'alors, j'y consens, elle me dise : *Je t'adore;* elle seule, entre toutes les femmes, sera digne de prononcer ce mot. Je serai vraiment le Dieu qu'elle aura préféré.

Soyons de bonne foi; dans nos arrangements, aussi froids que faciles, ce que nous appelons bonheur est à peine un plaisir. Vous le dirai-je? je croyais mon cœur flétri; et ne me trouvant plus que des sens, je me plaignais d'une vieillesse prématurée. Mme de Tourvel m'a rendu les charmantes illusions de la jeunesse. Auprès d'elle, je n'ai pas besoin de jouir pour être heureux. La seule chose qui m'effraie, est le temps que va me prendre cette aventure; car je n'ose rien donner au hasard. J'ai beau me rappeler mes heureuses témérités, je ne puis me résoudre à les mettre en usage. Pour que je sois vraiment heureux, il faut qu'elle se donne; et ce n'est pas une petite affaire.

Je suis sûr que vous admireriez ma prudence. Je n'ai pas encore prononcé le mot d'amour; mais déjà nous en sommes à ceux de confiance et d'intérêt. Pour la tromper le moins possible, et surtout pour prévenir l'effet des propos qui pourraient lui revenir, je lui ai raconté moi-même, et comme en m'accusant, quelques-uns de mes traits les plus connus. Vous ririez de voir avec quelle candeur elle me prêche. Elle veut, dit-elle, me convertir. Elle ne se doute pas encore de ce qu'il lui en coûtera pour le tenter. Elle est loin de penser qu'*en plaidant* (pour parler comme elle), *pour les infortunées que j'ai perdues*, elle parle d'avance dans sa propre cause. Cette idée me vint hier au milieu d'un de ses sermons, et je ne pus me refuser au plaisir de l'interrompre, pour l'assurer qu'elle parlait comme un prophète. Adieu, ma très belle amie. Vous voyez que je ne suis pas perdu sans ressource.

A propos, ce pauvre chevalier s'est-il tué de désespoir ? En vérité, vous êtes cent fois plus mauvais sujet que moi, et vous m'humilieriez si j'avais de l'amour-propre.

Choderlos de Laclos, *Les liaisons dangereuses*,
lettre 6.

ARCH. E.B. Ⓒ B.N. PARIS

**Les femmes jouèrent un rôle de premier plan
dans la Révolution.**

● **CHAPITRE V**

DU ROMANTISME AU NATURALISME

Le *féminisme*, au sens que nous lui donnons aujourd'hui,
date du XIXe siècle. Dès 1791, Olympe de Gouges avait rédigé
une *Déclaration des droits de la femme et de la citoyenne*. Elle
n'eut qu'un faible écho. Mais saint-simoniens et fouriéristes
vont faire de l'émancipation de la femme l'un des points essen-
tiels de leur programme. MME DE STAËL n'est pas à proprement
parler une « féministe » : mais le rayonnement de sa personnalité (« Singulière femme! écrit Benjamin Constant. Elle a une
sorte de domination inexplicable sur tout ce qui l'entoure »),
et les thèmes de ses œuvres (*Delphine* est presque une autobio-
graphie, et *Corinne* est l'histoire d'une jeune Italienne) plaident
à leur manière pour l'émancipation de la femme. Chez GEORGE
SAND, l'inspiration féministe (dans *Indiana* ou *Valentine*) précède l'inspiration socialiste : ce sont en un sens des revendications de même nature, favorables à ceux ou celles que leur
fortune ou leur sexe a rangés dans la catégorie des opprimés.
Plus tard, ZOLA fera de ses figures féminines les plus belles
réussites de son œuvre : parmi des personnages « souveraine-
ment dominés par leurs nerfs et par leur sang, entraînés à chaque
acte de leur vie par les fatalités de leur chair », prédéterminés par
leur condition et leur hérédité, Thérèse Raquin, Gervaise, Nana

représentent, plus encore que les personnages masculins, des victimes de la société et de l'histoire.

La *poésie*, cependant, sublime la femme et exalte son rôle. Si la Muse qui inspire MUSSET dans ses *Nuits* est suffisamment dépersonnalisée pour qu'on y voie à peine une image féminine (elle est plutôt le double du poète), VIGNY dans *La maison du berger* fait de la femme, plus sensible que l'homme aux « souffrances humaines », la compagne du poète et, au-delà, le symbole de la créature humaine. HUGO va plus loin encore dans *La légende des siècles* en célébrant la naissance d'Ève :

> « Mais, ce jour-là, ces yeux innombrables qu'entr'ouvre
> L'infini sous les plis du voile qui le couvre,
> S'attachaient sur l'épouse et non pas sur l'époux,
> Comme si, dans ce jour religieux et doux,
> Béni parmi les jours et parmi les aurores,
> Aux nids ailés perdus sous les branches sonores
> Au nuage, aux ruisseaux, aux frissonnants essaims,
> Aux bêtes, aux cailloux, à tous ces êtres saints
> Que de mots ténébreux la terre aujourd'hui nomme,
> La femme eût apparu plus auguste que l'homme! »

(*Le sacre de la femme.*)

Le sens traditionnel du mythe est retourné : pour avoir vu le jour après l'homme, la femme n'est pas son inférieure, mais au contraire le sommet de la création divine. Adam ne précède Ève que pour lui ouvrir la voie, puis s'efface devant sa majesté. Au dernier vers du poème, Ève sentira son flanc remuer : elle reçoit alors dans la maternité son véritable sacre, c'est elle qui assurera la pérennité du genre humain, et finalement son triomphe. Dans les femmes, NERVAL paraît rechercher l'image de la Vierge-Mère. « C'est bien sa propre mère qu'il espère retrouver, commente Albert Béguin, et c'est pour la retrouver qu'il se lance à corps perdu dans les croyances orientales et dans les métempsycoses. » Le poète ne maudit souvent sa naissance que parce qu'il a été frustré d'une affection maternelle qu'il recherchera ensuite sous les formes les plus diverses : avec plus d'ambiguïté que chez Nerval, parce qu'il l'insulte en même temps qu'il la sublime, BAUDELAIRE témoigne dans son œuvre d'une même quête passionnée de la femme, sensuelle et idéale.

Mais il n'est pas que chez les théoriciens du féminisme ou chez les poètes en quête d'une Muse ou d'une image de la Mère que se reflète l'importance accrue du thème de la femme dans la littérature. Dans la mesure où il traduit la réalité d'une société ou d'une époque, le *roman*, triomphant au XIXᵉ siècle, donnait naturellement la place qui lui revenait à la femme, moitié du genre humain. *La princesse de Clèves* au XVIIᵉ siècle était l'œuvre d'une femme; *Manon Lescaut* au siècle suivant représentait, au-delà d'une figure féminine, les dangers de la passion, et c'est surtout, en fin de compte, par la triste destinée du chevalier des Grieux que l'abbé Prévost apitoyait et édifiait ses lecteurs. Au XIXᵉ siècle, on ne compte plus les héroïnes féminines que des écrivains masculins mettent au premier plan de leur œuvre : *Lamiel* de STENDHAL, *La cousine Bette*, *Ursule Mirouët* ou *La vieille fille* de BALZAC (André Maurois considérait la cousine Bette comme la figure la plus puissante de la *Comédie humaine*), *Madame Bovary* de FLAUBERT… Si les écrivains masculins demeurent largement majoritaires, les personnages de roman se répartissent équitablement entre les deux sexes, et, avec tous les risques que comporte un pareil procédé, des romanciers vont recréer, dans leur œuvre, une psychologie féminine. « Madame Bovary, c'est moi », écrit Flaubert.

On ne saurait indiquer les grandes lignes du thème de la femme au XIXᵉ siècle sans donner une idée des confins qu'il a alors atteints. Chez Nerval déjà, la femme se distingue mal d'une déesse (Isis) ou plus généralement d'un Idéal auquel tend le poète. A plus forte raison peut-on difficilement classer comme des « femmes » les figures poétiques imaginées par certains romantiques allemands (la mystérieuse Ondine — femme ou sirène ? — de LAMOTTE-FOUQUÉ, dont s'inspirera Giraudoux, l'étrange Serpentina du *Vase d'Or* d'Hoffmann, qui n'est idéale que parce qu'elle n'est pas vraiment une femme); mais plus encore ces fantômes de l'esprit humain, automates vers lesquels des esprits instables projettent leur idéal : l'Olympia de *L'homme au sable*, d'Hoffmann, ou encore, dans une perspective qui touche à la science-fiction, *L'Ève future* de Villiers de l'Isle-Adam. Il faut enfin mentionner ce dépassement des sexes rêvé par certains auteurs, la tentation de l'androgyne, dont la *Séraphita* de Balzac fournit une curieuse illustration.

● La femme sans frontières

[FEMMES ALLEMANDES]

De l'Allemagne, de Mme de Staël (1766-1817) fut interdit par Napoléon parce qu'il n'était « point français ». L'auteur y faisait connaître les mœurs, la pensée et la littérature allemandes, opposant souvent à la froideur et à l'académisme des Français l'enthousiasme et le mysticisme de nos voisins.

Les femmes allemandes ont un charme qui leur est tout à fait particulier, un son de voix touchant, des cheveux blonds, un teint éblouissant; elles sont modestes, mais moins timides que les anglaises ; on voit qu'elles ont rencontré moins souvent des hommes qui leur fussent supérieurs, et qu'elles ont d'ailleurs moins à craindre des jugements sévères du public. Elles cherchent à plaire par la sensibilité, à intéresser par l'imagination ; la langue de la poésie et des beaux-arts leur est connue, elles font de la coquetterie avec de l'enthousiasme comme on en fait en France avec de l'esprit et de la plaisanterie. La loyauté parfaite qui distingue le caractère des Allemands rend l'amour moins dangereux pour le bonheur des femmes, et peut-être s'approchent-elles de ce sentiment avec plus de confiance, parce qu'il est revêtu de couleurs romanesques, et que le dédain et l'infidélité y sont moins à redouter qu'ailleurs [...].

On peut se moquer avec raison des ridicules de quelques femmes allemandes qui s'exaltent sans cesse jusqu'à l'affectation, et dont les doucereuses expressions effacent tout ce que l'esprit et le caractère peuvent avoir de piquant et de prononcé ; elles ne sont pas franches, sans pourtant être fausses ; seulement elles ne voient ni ne jugent rien avec vérité, et les événements réels passent devant leurs yeux comme de la fantasmagorie. Quand il leur arrive d'être légères, elles conservent encore la teinte de *sentimentalité*

qui est en honneur dans leur pays. Une femme alle-
mande disait avec une expression mélancolique :
« Je ne sais à quoi cela tient, mais les absents me passent
de l'âme. » Une française aurait exprimé cette idée
plus gaiement, mais le fond eût été le même.

Ces ridicules qui font exception n'empêchent pas
que parmi les femmes allemandes il y en ait beaucoup
dont les sentiments soient vrais et les manières simples.
Leur éducation soignée et la pureté d'âme qui leur
est naturelle rendent l'empire qu'elles exercent doux
et soutenu, elles vous inspirent chaque jour plus d'intérêt pour tout ce qui est grand et généreux, plus de
confiance dans tous les genres d'espoir, et savent repousser l'acide ironie qui souffle un vent de mort sur les jouissances du cœur. Néanmoins on trouve très rarement
chez les Allemandes la rapidité d'esprit qui anime l'en-
tretien et met en mouvement toutes les idées ; ce
genre de plaisir ne se rencontre guère que dans les
sociétés de Paris les plus piquantes et les plus spirituelles. Il faut l'élite d'une capitale française pour
donner ce rare amusement : partout ailleurs on ne
trouve d'ordinaire que de l'éloquence en public, ou du
charme dans l'intimité.

Mme de Staël, De l'Allemagne, I, 3.

[FEMMES ITALIENNES]

Stendhal (1783-1842) a exprimé en maints endroits de
son œuvre son admiration pour les Italiennes, entre autres
dans les fragments rassemblés sous le titre *L'Italie en 1818*.

Comme j'ai passé quinze ans à Paris, ce qui m'est
le plus indifférent au monde, c'est une jolie femme
française. Et souvent mon aversion pour le *vulgaire*
et l'*affecté* m'entraîne au-delà de l'indifférence.

Si je rencontre une jeune femme française et que,
par malheur, elle soit bien élevée, je me rappelle
sur-le-champ la maison paternelle et l'éducation de
mes sœurs, je prévois tous ses mouvements et jusqu'aux plus fugitives nuances de ses pensées. C'est

ce qui fait que j'aime beaucoup la mauvaise compagnie, où il y a plus d'*imprévu*. Autant que je me connais, voilà la fibre sur laquelle les hommes et les choses d'Italie sont venus frapper : les femmes.

Qu'on juge de mes transports quand j'ai trouvé en Italie, sans qu'aucun voyageur m'en eût gâté le plaisir en m'avertissant, que c'était précisément dans la bonne compagnie qu'il y avait le plus d'*imprévu*. Ces génies singuliers ne sont arrêtés que par le manque de fortune et par l'impossible ; et s'il y a encore des préjugés, ce n'est que dans les basses classes.

Les femmes, en Italie, avec l'âme de feu que le ciel leur a donnée, reçoivent une éducation qui consiste dans la musique et une quantité de mômeries religieuses. Le point capital, c'est que, quelque péché qu'on fasse, en s'en confessant, il n'en reste pas de trace. Elles entrevoient la conduite de leur mère ; on les marie ; elles se trouvent enfin délivrées du joug, et, (si elles sont jolies) de la jalousie de leur mère. Elles oublient, en un clin d'œil, toute la religion, et tout ce qu'on leur a dit est tout comme des choses excellentes, mais bonnes pour des enfants.

Les femmes ne vivent pas ensemble ; la loge de chacune d'elles devient une petite Cour ; tout le monde veut obtenir un sourire de la reine de la société ; personne ne veut gâter l'avenir.

Quelque folie qu'elle dise, dix voix partent à la fois pour lui donner raison ; il n'y a de différence que par plus ou moins d'esprit des courtisans. Il n'y a qu'un point sur lequel elle essuie des contradictions ; elle peut dire qu'il est nuit en plein midi ; mais si elle s'avise de dire que la musique de Paer vaut mieux que celle de Rossini, dix voix s'élèvent pour se moquer d'elle. Du reste, toutes les parties de campagne, tous les voyages les plus bizarrement assortis, tous les caprices les plus fous qui lui passent par la tête sont autant d'oracles pour sa cour.

Dernièrement, une jolie et très jeune femme de Brescia a provoqué son amant en duel. Elle lui a écrit d'une écriture contrefaite ; c'était un officier, il s'est rendu sur le terrain : il a trouvé un petit polisson avec deux moustaches et deux pistolets, qui voulait absolument se battre. Ce trait, que je cite au hasard entre mille aussi forts, et qu'on ne peut imprimer, n'a fait aucun tort à la belle Marietta. Elle n'en a trouvé que plus d'amants empressés à lui faire oublier l'infidèle.

Vous voyez comment chaque femme ici a des manières à elle, des discours à elle.

Stendhal, *L'Italie en 1818.*

— *A lire* (sur les Italiennes vues par Stendhal) : *Rome, Naples et Florence en 1817* (à la date du 8 décembre 1816); *La chartreuse de Parme* (portraits de la Sanseverina et de Clelia Conti).

[FEMMES SLAVES]

Dans *Les Pléiades*, roman paru en 1874, Arthur de Gobineau (1816-1882) croit comme Stendhal que les tempéraments et les habitudes changent considérablement d'un pays à l'autre. Mais il ne montre guère d'indulgence pour les Latins, de race plus mêlée qu'aucune autre, et les âmes d'élite de son roman sont anglaises, germaines ou slaves. La comtesse Sophie Tonska s'entretient dans ce passage avec Conrad Lanze, jeune sculpteur amoureux d'elle, bien qu'il n'en ait pas encore conscience.

— Je ne voudrais pour rien au monde, me dit la comtesse en rejetant sa tête en arrière sur le dossier de la causeuse tandis que les pierres précieuses restaient étalées devant nous, je ne voudrais pour rien au monde me faire accuser d'une partialité exagérée ; mais, croyez-moi, les femmes slaves n'ont pas de rivales en ce monde, ni pour le cœur, qui passe avant tout, ni pour l'intelligence et tout ce qui s'ensuit ; nous savons le mieux aimer, parce que nous savons nous soumettre, et notre dévouement, qui n'a pas le caractère réfléchi et calculé d'un devoir, emprunte une douceur et une noblesse incomparables à cela seul qu'il est d'une abnégation complète. Nous sommes anéanties dans l'être aimé, parce que nous sommes heureuses de l'être ; nous ne voyons rien au-dessus de ce que nous chérissons ; peut-être avons-nous tort de transformer ainsi la créature en un Dieu dont toutes les pensées sont bonnes et les actes justes, par cela seul que pensées et actes émanent de lui ; mais convenez aussi qu'un tel travers, et si vous le voulez, un tel vice, ne saurait être condamné par celui qui en profite.

— Vous m'étonnez un peu, répondis-je ; j'étais disposé à croire, au contraire, et sur des exemples frappants, que, nulle part, l'esprit de domination n'était plus ordinaire aux femmes qu'en Russie et en Pologne, et non pas une domination exercée dans la sphère domestique ou n'ambitionnant que le domaine des affections, ce qui serait compréhensible ; non ! je parle d'une tyrannie s'établissant sur les terrains les plus réservés à l'homme par la façon de voir admise dans tous les pays et dans tous les temps. Ainsi, par exemple, n'est-il pas notoire que les dames polonaises sont passionnées par les questions politiques? N'ont-elles pas joué, en maintes occasions, les rôles les plus décisifs dans les conspirations, les révolutions? Et les mères, les filles, les sœurs, les épouses, les maîtresses, n'ont-elles pas jeté sciemment les existences suspendues à la leur, au fond des cachots qui les ont dévorées, dans l'exil qui les a éteintes, au-devant de la balle qui a percé tant de poitrines ?

— C'est vrai, répondit la comtesse, et elle me regarda d'un œil étincelant: nous aimons les grandes choses et pour tout dire, l'héroïsme nous est familier. Nous avons envoyé nos hommes au-devant des périls, et nous le ferons encore ; mais savez-vous que nous y étions à leurs côtés, et pensez-vous que jamais nous quittions cette place? Ce qui est grand nous plaît ; dès lors, quand nous aimons et plus nous aimons, plus notre penchant est invincible à y porter nos idoles afin de dresser leurs temples au milieu des splendeurs !

A. de Gobineau, *Les Pléiades*, livre I, chap. 5.

— *A lire* : Gobineau, *Nouvelles* (jeunes filles des îles grecques dans *Le mouchoir rouge* et *Akrivie Phrangopoulo*, de Terre-Neuve dans *Le chasse au caribou*), *Nouvelles asiatiques* (jeune fille du Caucase dans *La danseuse de Shamakha*).

● **La Muse et son contraire.**

HYMNE A LA FEMME

La maison du berger, poème des *Destinées*, d'Alfred de Vigny (1797-1863), exalte le retour à la nature; le poète y retrouvera la pureté du cœur et de l'inspiration. Mais il n'y vivra pas seul : la troisième partie du poème est un hymne à Éva, la femme idéale à laquelle Vigny adresse son chant.

Éva, qui donc es-tu? Sais-tu bien ta nature?
Sais-tu quel est ici ton but et ton devoir?
Sais-tu que, pour punir l'homme, sa créature,
D'avoir porté la main sur l'arbre du savoir,
Dieu permit qu'avant tout, de l'amour de soi-même
En tout temps, à tout âge, il fît son bien suprême,
Tourmenté de s'aimer, tourmenté de se voir?

Mais, si Dieu près de lui t'a voulu mettre, ô femme !
Compagne délicate ! Éva ! sais-tu pourquoi?
C'est pour qu'il se regarde au miroir d'une autre âme,
Qu'il entende ce chant qui ne vient que de toi :
— L'enthousiasme pur dans une voix suave.
C'est afin que tu sois son juge et son esclave
Et règnes sur sa vie en vivant sous sa loi.

Ta parole joyeuse a des mots despotiques;
Tes yeux sont si puissants, ton aspect est si fort,
Que les rois d'Orient ont dit dans leurs cantiques
Ton regard redoutable à l'égal de la mort ;
Chacun cherche à flétrir tes jugements rapides...

— Mais ton cœur, qui dément tes formes intrépides,
Cède sans coup férir aux rudesses du sort.

Ta pensée a des bonds comme ceux des gazelles,
Mais ne saurait marcher sans guide et sans appui.
Le sol meurtrit ses pieds, l'air fatigue ses ailes,
Son œil se ferme au jour dès que le jour a lui ;
Parfois, sur les hauts lieux d'un seul élan posée,
Troublée au bruit des vents, ta mobile pensée
Ne peut seule y veiller sans crainte et sans ennui.

Mais aussi tu n'as rien de nos lâches prudences,
Ton cœur vibre et résonne au cri de l'opprimé,
Comme dans une église aux austères silences
L'orgue entend un soupir et soupire alarmé.
Tes paroles de feu meuvent les multitudes,
Tes pleurs lavent l'injure et les ingratitudes,
Tu pousses par le bras l'homme... Il se lève armé.

C'est à toi qu'il convient d'ouïr les grandes plaintes
Que l'humanité triste exhale sourdement.
Quand le cœur est gonflé d'indignations saintes,
L'air des cités l'étouffe à chaque battement.
Mais de loin les soupirs des tourmentes civiles,
S'unissant au-dessus du charbon noir des villes,
Ne forment qu'un grand mot qu'on entend clairement.

Viens donc ! le ciel pour moi n'est plus qu'une auréole
Qui t'entoure d'azur, t'éclaire et te défend ;
La montagne est ton temple et le bois sa coupole,
L'oiseau n'est sur la fleur balancé par le vent,
Et la fleur ne parfume et l'oiseau ne soupire
Que pour mieux enchanter l'air que ton sein respire ;
La terre est le tapis de tes beaux pieds d'enfant.

Éva, j'aimerai tout dans les choses créées,
Je les contemplerai dans ton regard rêveur
Qui partout répandra ses flammes colorées,
Son repos gracieux, sa magique saveur :
Sur mon cœur déchiré viens poser ta main pure,
Ne me laisse jamais seul avec la Nature ;
Car je la connais trop pour n'en avoir pas peur.

A. de Vigny, *La maison du berger*, in *Les destinées.*

— L'interrogation initiale sur la nature d'Éva : comparer avec le début de *Lélia*, de George Sand, et l'interrogation de Sténio à Lélia : « Qui es-tu ? et pourquoi ton amour fait-il tant de mal ? Il doit y avoir en toi quelque affreux mystère inconnu aux hommes. A coup sûr tu n'es pas un être pétri du même limon et animé de la même vie que nous ! Tu es un ange ou un démon, mais tu n'es pas une créature humaine. » (G. Sand, *Lélia*, I, I). A Vigny, Éva, femme idéale, apporte l'inspiration et l'espoir ; à Sténio, Lélia apportera le doute et le désespoir.

— *A lire :* (sur la vision de la femme dans Vigny) : *Éloa* (in *Poésies, Livre mystique*), *L'Esprit pur* (adressé à Éva in *Poésies, Les destinées*.).

[« LA RAISONNABLE CLARA »]

A l'opposé de la Muse inspiratrice : la femme, ou la jeune fille, des contes d'E.T.A. Hoffmann (1776-1822). Sauf à être, comme la Serpentina du *Vase d'or*, un être surnaturel, la femme apparaît le plus souvent chez Hoffmann préoccupée des soins domestiques, et peu sensible à la vraie musique et à la vraie poésie. Dans *L'homme au sable*, à l'exaltation de Nathanaël, qui croit que l'inspiration « est due à l'influence d'un principe étranger qui nous est supérieur », Clara répond par de « sages » raisonnements... et la nécessité où elle se trouve de préparer leur déjeuner. Qu'on ne s'y trompe pas : ce n'est pas un éloge de la femme qu'on va lire ici; pour l'artiste inspiré qu'est Hoffmann, ces vertus domestiques ne pèsent pas lourd, et l'homme habité du souffle divin devra se garder du mariage s'il veut remplir sa mission.

Cette rêverie mystique déplaisait infiniment à la raisonnable Clara; mais il semblait que ce serait peine perdue que de s'engager à le contredire. Chaque fois cependant que Nathanaël s'efforçait de démontrer que Coppélius[1] était le mauvais génie qui s'était

---

1. Personnage de cauchemar, qui hante Nathanaël depuis son enfance.

insinué en lui au moment où il écoutait derrière le rideau, et que ce démon malfaisant troublerait d'affreuse manière le bonheur de leurs amours, Clara, soudain très grave, disait : « Oui, Nathanaël ! tu as raison : Coppélius est un principe nuisible et malfaisant ; il peut, tel un génie infernal ayant pris une apparence sensible, causer d'horribles malheurs, mais seulement si tu renonces à le bannir de ton esprit et de ta pensée. Tant que tu crois en lui, il existe et il agit ; ta croyance seule fait sa puissance ! »

Un jour, irrité que Clara persistât à n'attribuer l'existence de son démon qu'à une prévention d'esprit, Nathanaël se disposait à développer toute la doctrine mystique des puissances malignes et diaboliques. Mais Clara l'interrompit avec mauvaise humeur en jetant dans la conversation un fait insignifiant, ce qui porta à son comble le dépit de Nathanaël. Il pensa que des secrets de cette profondeur restaient impénétrables à des âmes froides et insensibles, sans s'avouer positivement qu'il rangeait ainsi Clara au nombre de ces natures inférieures, de sorte qu'il continua ses tentatives pour l'initier à ces mystères. Le matin, de bonne heure, pendant que Clara surveillait les préparatifs du déjeuner, il se tenait près d'elle et lui lisait toutes sortes de livres mystiques, si bien que Clara se prit à lui dire : « Mais, cher Nathanaël, si je voulais maintenant t'accuser d'être le mauvais principe qui agit hostilement sur mon café ? Car si, comme tu l'exiges, je dois ne m'occuper de rien et te regarder en face durant tout le temps de ta lecture, le café se répandra dans les cendres, et adieu notre déjeuner ! »

Nathanaël ferma brusquement son livre et courut, plein d'humeur, s'enfermer dans sa chambre. Il avait possédé autrefois un talent particulier pour écrire des récits vivants et gracieux que Clara écoutait avec le plus vif plaisir. Mais maintenant ses essais dans ce genre étaient toujours sombres et inintelligibles, presque informes, et il sentait bien, lors même que Clara, pour l'épargner, s'abstenait de le dire, qu'ils étaient loin de lui plaire. En effet, rien n'agissait plus mortellement sur Clara que ce qui l'ennuyait.

Son regard et sa parole exprimaient alors une somnolence intellectuelle invincible. Or, les compositions de Nathanaël étaient réellement fort ennuyeuses. Son irritation contre l'âme prosaïque et froide de Clara grandissait de jour en jour ; Clara, de son côté, ne pouvait surmonter sa mauvaise humeur à l'égard du mysticisme obscur, sombre et fastidieux de Nathanaël ; leurs cœurs s'éloignaient ainsi de plus en plus l'un de l'autre et sans qu'ils y prissent garde.

> E.T.A. Hoffmann, *L'homme au sable* (*Contes*, Club des Libraires de France, édition intégrale sous la direction d'A. Béguin, pp. 259-260).

— *A lire :* Hoffmann, *Le vase d'or* (étudier le personnage de Véronique, son intérêt pour les préoccupations matérielles et sa mauvaise influence sur Anselme ; comparer avec la Clara de *L'homme au sable*).

● **Condition de la femme au XIXe siècle.**

LA FEMME DE TRENTE ANS

Au XIXe siècle, une femme de trente ans était, sinon vieillissante, du moins parvenue à l'apogée de sa vie de femme, au moment où elle pouvait disposer une dernière fois, avant l'irrémédiable déclin, de tous les attraits de son sexe. Telle est Julie d'Aiglemont, héroïne de *La femme de trente ans*, d'Honoré de Balzac (1799-1850).

Une femme de trente ans a d'irrésistibles attraits pour un jeune homme ; et rien de plus naturel, de plus fortement tissu, de mieux préétabli que les attachements profonds dont tant d'exemples nous sont offerts dans le monde entre une femme comme la marquise et un jeune homme tel que Vandenesse [1]. En effet,

---

1. Charles de Vandenesse, jeune diplomate.

une jeune fille a trop d'illusions, trop d'inexpérience, et le sexe est trop complice de son amour, pour qu'un jeune homme puisse en être flatté ; tandis qu'une femme connaît toute l'étendue des sacrifices à faire. Là où l'une est entraînée par la curiosité, par des séductions étrangères à celles de l'amour, l'autre obéit à un sentiment consciencieux. L'une cède, l'autre choisit. Ce choix n'est-il pas déjà une immense flatterie? Armée d'un savoir presque toujours chèrement payé par des malheurs, en se donnant, la femme expérimentée semble donner plus qu'elle-même ; tandis que la jeune fille, ignorante et crédule, ne sachant rien, ne peut rien comparer, rien apprécier ; elle accepte l'amour et l'étudie. L'une nous instruit, nous conseille à un âge où l'on aime à se laisser guider, où l'obéissance est un plaisir ; l'autre veut tout apprendre et se montre naïve là où l'autre est tendre. Celle-là ne vous présente qu'un seul triomphe, celle-ci vous oblige à des combats perpétuels. La première n'a que des larmes et des plaisirs, la seconde a des voluptés et des remords. Pour qu'une jeune fille soit la maîtresse, elle doit être trop corrompue, et on l'abandonne alors avec horreur ; tandis qu'une femme a mille moyens de conserver tout à la fois son pouvoir et sa dignité. L'une, trop soumise, vous offre les tristes sécurités du repos ; l'autre perd trop pour ne pas demander à l'amour ses mille métamorphoses. L'une se déshonore toute seule, l'autre tue à votre profit une famille entière. La jeune fille n'a qu'une coquetterie, et croit avoir tout dit quand elle a quitté son vêtement ; mais la femme en a d'innombrables et se cache sous mille voiles ; enfin elle caresse toutes les vanités, et la novice n'en flatte qu'une. Il s'émeut d'ailleurs des indécisions, des terreurs, des craintes, des troubles et des orages chez la femme de trente ans, qui ne se rencontrent jamais dans l'amour d'une jeune fille. Arrivée à cet âge, la femme demande à un jeune homme de lui restituer l'estime qu'elle lui a sacrifiée ; elle ne vit que pour lui, s'occupe de son avenir, lui veut une belle vie, la lui ordonne glorieuse ; elle obéit, elle prie et commande, s'abaisse et s'élève, et sait consoler en mille occasions, où la jeune fille ne sait que gémir.

Enfin, outre tous les avantages de sa position, la femme de trente ans peut se faire jeune fille, jouer tous les rôles, être pudique, et s'embellir même d'un malheur. Entre elles deux se trouve l'incommensurable différence du prévu à l'imprévu, de la force à la faiblesse. La femme de trente ans satisfait tout, et la jeune fille, sous peine de ne pas être, doit ne rien satisfaire. Ces idées se développent au cœur d'un jeune homme, et composent chez lui la plus forte des passions, car elle réunit les sentiments factices créés par les mœurs, aux sentiments réels de la nature.

H. de Balzac, *La femme de trente ans.*

— Comparer avec Crébillon, « Comment la passion vient aux femmes », p. 92. Étudier comment, à la différence de Crébillon, Balzac envisage dans ce texte la femme *par rapport à l'homme*, ce qu'elle peut lui offrir ou lui demander, et jamais ses sentiments, sa sensualité ou ses passions *en elles-mêmes*. Voir aussi Stendhal, *De l'amour*, I, 8.

— « Malgré les trente ans terribles et la perte de cette vague et ravissante physionomie qui est la curiosité de l'avenir dans les jeunes filles, il la trouvait plus belle que dans son portrait » (J. Barbey d'Aurevilly, *L'amour impossible*, chap. 4).

[« UNE FEMME! C'EST UNE DISTRACTION »]

Octave s'est fait auprès de Marianne, sa cousine, l'interprète de l'amour de son ami Célio. Marianne, secrètement amoureuse d'Octave, n'a opposé que froideur à l'amour de Célio. Octave le lui reproche. C'est alors la femme qui se révolte en Marianne : son sexe a-t-il été créé pour se rendre aux ordres de qui daigne l'honorer de sa flamme ? *Les caprices de Marianne*, d'Alfred de Musset (1810-1857), sont, au même titre que *On ne badine pas avec l'amour*, l'œuvre d'un profond analyste de l'âme féminine.

OCTAVE, MARIANNE

OCTAVE. — Belle Marianne, vous dormirez tranquille. Le cœur de Célio est à une autre, et ce n'est plus sous vos fenêtres qu'il donnera ses sérénades.

MARIANNE. — Quel dommage! et quel grand malheur de n'avoir pu partager un amour comme celui-là. Voyez comme le hasard me contrarie! moi qui allais l'aimer.

OCTAVE. — En vérité?

MARIANNE. — Oui, sur mon âme, ce soir ou demain matin, dimanche au plus tard, je vous le jure. Qui pourrait ne pas réussir avec un ambassadeur tel que vous? Il faut croire que sa passion pour moi était quelque chose comme du chinois ou de l'arabe, puisqu'il lui fallait un interprète, et qu'elle ne pouvait s'expliquer toute seule.

OCTAVE. — Raillez, raillez! nous ne vous craignons plus.

MARIANNE. — Ou peut-être que cet amour n'était encore qu'un pauvre enfant à la mamelle, et vous, comme une sage nourrice, en le menant à la lisière, vous l'aurez laissé tomber la tête la première en le promenant par la ville.

OCTAVE. — La sage nourrice s'est contentée de lui faire boire d'un certain lait que la vôtre vous a versé sans doute, et généreusement; vous en avez encore sur vos lèvres une goutte qui se mêle à toutes vos paroles

MARIANNE. — Comment s'appelle ce lait merveilleux?

OCTAVE. — L'indifférence. Vous ne savez ni aimer ni haïr, et vous êtes comme les roses du Bengale, Marianne, sans épine et sans parfum.

MARIANNE. — Bien dit. Aviez-vous préparé d'avance cette comparaison? Si vous ne brûlez pas le brouillon de vos harangues, donnez-le-moi, de grâce, que je les apprenne à ma perruche.

OCTAVE. — Qu'y trouvez-vous qui puisse vous blesser? Une fleur sans parfum n'en est pas moins belle;

bien au contraire, ce sont les plus belles que Dieu a faites ainsi ; et il me semble que sur ce point-là vous n'avez pas le droit de vous plaindre.

MARIANNE. — Mon cher cousin, est-ce que vous ne plaignez pas le sort des femmes? Voyez un peu ce qui m'arrive : il est décrété par le sort que Célio m'aime, ou croit m'aimer, lequel Célio l'a dit à ses amis, lesquels amis décrètent à leur tour que, sous peine de mort je l'aimerai. La jeunesse napolitaine daigne m'envoyer en votre personne un digne représentant, chargé de me faire savoir que j'ai à aimer ledit seigneur Célio d'ici à une huitaine de jours. Pesez cela, je vous en prie. N'est-ce pas une femme bien abjecte que celle qui obéit à point nommé, à l'heure convenue, à une pareille proposition? Ne va-t-on pas la déchirer à belles dents, la montrer au doigt et faire de son nom le refrain d'une chanson à boire ? — Si elle refuse, au contraire, est-il un monstre qui lui soit comparable ? est-il une statue plus froide qu'elle ? Et l'homme qui lui parle, qui ose l'arrêter en place publique son livre de messe à la main, n'a-t-il pas le droit de lui dire : Vous êtes une rose du Bengale, sans épine et sans parfum ?

OCTAVE. — Cousine, cousine, ne vous fâchez pas.

MARIANNE. — N'est-ce pas une chose bien ridicule que l'honnêteté et la foi jurée? que l'éducation d'une fille, la fierté d'un cœur qui s'est figuré qu'il vaut quelque chose, et qui, pour mériter le respect des autres, commence par se respecter lui-même? Tout cela n'est-il pas un rêve, une bulle de savon, qui, au premier soupir d'un cavalier à la mode, doit s'évaporer dans les airs?

OCTAVE. — Vous vous méprenez sur mon compte et sur celui de Célio.

MARIANNE. — Qu'est-ce après tout qu'une femme? L'occupation d'un moment, une ombre vaine qu'on fait semblant d'aimer, pour le plaisir de dire qu'on aime. Une femme! c'est une distraction. Ne pourrait-on pas dire quand on en rencontre une : Voilà une belle fantaisie qui passe ! Et ne serait-ce pas un grand écolier en de telles matières, que celui qui baisserait les yeux

devant elle, qui se dirait tout bas : « Voilà peut-être
le bonheur d'une vie entière », et qui la laisserait
passer? *(Elle sort.)*

(A. de Musset, *Les caprices de Marianne*, II, 4).

[JOIE DE L'ALLAITEMENT.]

Une femme doit-elle allaiter son enfant, ou le confier
à une nourrice? La question se trouve déjà posée chez
Rousseau; elle demeure aujourd'hui d'actualité (même
si le biberon tend à remplacer la nourrice). Dans les
Mémoires de deux jeunes mariées, roman par lettres de
Balzac, c'est une véritable mystique de l'allaitement que
défend Renée de l'Estorade auprès de sa correspondante
Louise de Macumer : en nourrissant son enfant de son sein,
la mère accède au vrai mystère de la maternité et de la
Création.

Ah! mon ange, le réveil de toutes ces douleurs, de
ces sensations confuses, de ces premières journées où
tout est obscur, pénible et indécis, a été divin. Ces
ténèbres ont été animées par une sensation dont les
délices ont surpassé celles du premier cri de mon enfant.
Mon cœur, mon âme, mon être, un moi inconnu a été
réveillé dans sa coque souffrante et grise jusque-là,
comme une fleur s'élance de sa graine au brillant appel
du soleil. Le petit monstre a pris mon sein et a tété :
voilà le *fiat lux* ! J'ai soudain été mère. Voilà le bonheur,
la joie, une joie ineffable, quoiqu'elle n'aille pas sans
quelques douleurs. Oh! ma belle jalouse, combien tu
apprécieras un plaisir qui n'est qu'entre nous, l'enfant
et Dieu. Ce petit être ne connaît absolument que
notre sein. Il n'y a pour lui que ce point brillant dans
le monde, il l'aime de toutes ses forces, il ne pense
qu'à cette fontaine de vie, il y vient et s'en va pour
dormir, il se réveille pour y retourner. Ses lèvres ont
un amour inexprimable et, quand elles s'y collent,
elles y font à la fois une douleur et un plaisir, un plaisir

qui va jusqu'à la douleur, ou une douleur qui finit par un plaisir ; je ne saurais t'expliquer une sensation qui du sein rayonne en moi jusqu'aux sources de la vie, car il semble que ce soit un centre d'où partent mille rayons qui réjouissent le cœur et l'âme. Enfanter, ce n'est rien; mais nourrir, c'est enfanter à toute heure. Oh ! Louise, il n'y a pas de caresses d'amant qui puissent valoir celles de ces petites mains roses qui se promènent si doucement, et cherchent à s'accrocher à la vie. Quels regards un enfant jette alternativement de notre sein à nos yeux ! Quels rêves on fait en le voyant suspendu par les lèvres à son trésor ? Il ne tient pas moins à toutes les forces de l'esprit qu'à toutes celles du corps, il emploie et le sang et l'intelligence, il satisfait au-delà des désirs. Cette adorable sensation de son premier cri, qui fut pour moi ce que le premier rayon du soleil a été pour la terre, je l'ai retrouvée en sentant mon lait lui emplir la bouche ; je l'ai retrouvée en recevant son premier regard, je viens de la retrouver en savourant dans son premier sourire sa première pensée. Il a ri, ma chère. Ce rire, ce regard, cette morsure, ce cri, ces quatre jouissances sont infinies : elles vont jusqu'au fond du cœur, elles y remuent des cordes qu'elles seules peuvent remuer ! Les mondes doivent se rattacher à Dieu comme un enfant se rattache à toutes les fibres de sa mère : Dieu, c'est un grand cœur de mère. Il n'y a rien de visible, ni de perceptible dans la conception, ni même dans la grossesse; mais être nourrice, ma Louise, c'est un bonheur de tous les moments. On voit ce que devient le lait, il se fait chair, il fleurit au bout de ces doigts mignons qui ressemblent à des fleurs et qui en ont la délicatesse; il grandit en ongles fins et transparents, il s'effile en cheveux, il s'agite avec les pieds. Oh ! des pieds d'enfant, mais c'est tout un langage. L'enfant commence à s'exprimer par là. Nourrir, Louise ! c'est une transformation qu'on suit d'heure en heure et d'un œil hébété. Les cris, vous ne les entendez point par les oreilles, mais par le cœur; les sourires des yeux et des lèvres, ou les agitations des pieds, vous les comprenez comme si Dieu vous écrivait des caractères en lettres de feu dans l'espace ! Il n'y a plus rien dans le monde qui vous intéresse : le père?... On le tuerait s'il s'avisait d'éveiller l'enfant. On est à soi seul le monde pour cet enfant, comme l'enfant est le monde pour vous ! On est si sûre que notre vie est partagée, on est si amplement récompensée des peines qu'on se donne et des souffrances qu'on endure, car il y a des souffrances. Dieu te garde d'avoir une crevasse au sein ! Cette plaie qui se rouvre sous des lèvres de rose, qui se guérit si difficilement et qui cause des tortures à rendre folle, si l'on n'avait pas la joie de voir la bouche de l'enfant barbouillée de lait, est une des plus affreuses punitions de la beauté. Ma Louise, songez-y, elle ne se fait que sur une peau délicate et fine.

Mon jeune singe est, en cinq mois, devenu la plus jolie créature que jamais une mère ait baignée de ses larmes joyeuses, lavée, brossée, peignée, pomponnée; car Dieu sait avec quelle infatigable ardeur on pomponne, on habille, on brosse, on lave, on change, on baise ces petites fleurs! Donc, mon singe n'est plus un singe, mais un *baby*, comme dit ma bonne Anglaise, un *baby* blanc et rose; et comme il se sent aimé, il ne crie pas trop; mais, à la vérité, je ne le quitte guère, et m'efforce de le pénétrer de mon âme.

Balzac, *Mémoires de deux jeunes mariées*.

Lettre XXXI

L'opinion de Rousseau :
« Au nouveau-né il faut une nourrice. Si la mère consent à remplir son devoir, à la bonne heure : on lui donnera ses directions par écrit; car cet avantage a son contrepoids et tient le gouverneur un peu plus éloigné de son élève. Mais il est à croire que l'intérêt de l'enfant et l'estime pour celui à qui elle veut bien confier un dépôt si cher rendront la mère attentive aux avis du maître; et tout ce qu'elle voudra faire, on est sûr qu'elle le fera mieux qu'une autre. S'il nous faut une nourrice étrangère, commençons par la bien choisir » (*Emile*, livre I).

[LA FEMME DU MONDE]

> Foedora : pour Raphaël de Valentin, le héros de *La peau de chagrin*, son nom exerce un pouvoir de fascination, sa personnalité est une énigme. Quand il la connaîtra, il découvrira en elle une femme séduisante et glaciale, mystérieuse et sans profondeur. L'épilogue du roman nous donnera le fin mot de l'énigme : « Foedora, vous la rencontrerez. Elle était hier aux Bouffons, elle ira ce soir à l'Opéra, elle est partout, c'est, si vous voulez, la Société. »

J'eus l'honneur d'amuser cette femme, elle me quitta en m'invitant à venir la voir ; en style de cour, elle me donna les grandes entrées. Soit que je prisse, selon ma louable habitude, des formules polies pour des paroles de cœur, soit que Foedora vît en moi quelque célébrité prochaine, et voulût augmenter sa ménagerie de savants, je crus lui plaire. J'évoquai toutes mes connaissances physiologiques et mes études antérieures sur la femme pour examiner minutieusement pendant cette soirée cette singulière personne et ses manières ; caché dans l'embrasure d'une fenêtre, j'espionnai ses pensées en les cherchant dans son maintien, en étudiant ce manège d'une maîtresse de maison qui va et vient, s'assied et cause, appelle un homme, l'interroge, et s'appuie pour l'écouter sur un chambranle de porte ; je remarquai dans sa démarche un mouvement brisé si doux, une ondulation de robe si gracieuse, elle excitait si puissamment le désir que je devins alors très incrédule sur sa vertu. Si Foedora méconnaissait aujourd'hui l'amour, elle avait dû jadis être fort passionnée ; car une volupté savante se peignait jusque dans la manière dont elle se posait devant son interlocuteur, elle se soutenait sur la boiserie avec coquetterie, comme une femme près de tomber, mais aussi près de s'enfuir si quelque regard trop vif l'intimide. Les bras mollement croisés, paraissant respirer les paroles, les écoutant même du regard et avec bienveillance, elle exhalait le sentiment.

Ses lèvres fraîches et rouges tranchaient sur un teint d'une vive blancheur. Ses cheveux bruns faisaient assez bien valoir la couleur orangée de ses yeux mêlés de veines comme une pierre de Florence, et dont l'expression semblait ajouter de la finesse à ses paroles. Enfin son corsage était paré des grâces les plus attrayantes. Une rivale aurait peut-être accusé de dureté d'épais sourcils qui paraissaient se rejoindre, et blâmé l'imperceptible duvet qui ornait les contours du visage. Je trouvai la passion empreinte en tout. L'amour était écrit sur les paupières italiennes de cette femme, sur ses belles épaules dignes de la Vénus de Milo, dans ses traits, sur sa lèvre supérieure un peu forte et légèrement ombragée. C'était plus qu'une femme, c'était un roman. Oui, ces richesses féminines, l'ensemble harmonieux des lignes, les promesses que cette riche structure faisait à la passion, étaient tempérés par une réserve constante, par une modestie extraordinaire, qui contrastaient avec l'expression de toute la personne. Il fallait une observation aussi sagace que la mienne pour découvrir dans cette nature les signes d'une destinée de volupté. Pour expliquer plus clairement ma pensée, il y avait en Foedora deux femmes séparées par le buste peut-être ; l'une était froide, la tête seule semblait être amoureuse ; avant d'arrêter ses yeux sur un homme, elle préparait son regard, comme s'il se passait je ne sais quoi de mystérieux en elle-même, vous eussiez dit d'une convulsion dans ses yeux si brillants. Enfin, ou ma science était imparfaite, et j'avais encore bien des secrets à découvrir dans le monde moral, ou la comtesse possédait une belle âme dont les sentiments et les émanations communiquaient à sa physionomie ce charme qui nous subjugue et nous fascine, ascendant tout moral et d'autant plus puissant qu'il s'accorde avec les sympathies du désir. Je sortis ravi, séduit par cette femme, enivré par son luxe, chatouillé dans tout ce que mon cœur avait de noble, de vicieux, de bon, de mauvais. En me sentant si ému, si vivant, si exalté, je crus comprendre l'attrait qui amenait là ces artistes, ces diplomates, ces hommes de pouvoir, ces agioteurs doublés de tôle comme leurs caisses ;

sans doute ils venaient chercher près d'elle l'émotion délirante qui faisait vibrer en moi toutes les forces de mon être, fouettait mon sang dans la moindre veine, agaçait le plus petit nerf et tressaillait dans mon cerveau ! Elle ne s'était donnée à aucun pour les garder tous.

H. de Balzac, *La peau de chagrin.*

> — Description de Foedora, ce passage est aussi la description de ce que Raphaël attend de la femme. Vous essaierez de définir ce qui paraît appartenir en propre au personnage de Foedora, et ce que Raphaël semble y projeter de ses idées sur la femme du monde, la femme voluptueuse, la femme noble et généreuse.

[LORETTES ET GRISETTES]

Paul de Kock (1794-1871), romancier à succès du XIXᵉ siècle, n'est pas seulement un conteur dont la verve et l'humour mériteraient d'être mieux connus que par les sarcasmes de contemporains souvent jaloux de son succès; il est aussi une mine inépuisable pour qui veut avoir une idée des mœurs de la petite et de la moyenne bourgeoisie sous Louis-Philippe et le second Empire. Ses études des « lorettes » et des « grisettes »[1] font écho aux *physiologies*, sortes de petites monographies illustrées consacrées au portrait, le plus souvent humoristique, d'un caractère ou d'une profession. Ainsi les frères Goncourt publièrent-ils une *Physiologie de la lorette*. La lorette fut également mise à l'honneur par les fameuses illustrations qu'en donna Gavarni.

La lorette donne des soirées où il y a toujours beaucoup d'hommes et fort peu de femmes. On y joue depuis le loto jusqu'au lansquenet[2]. Ces dames

---

1. Les « lorettes » étaient ainsi nommées parce que ceux qui les entretenaient les logeaient fréquemment dans le quartier de Notre-Dame-des-Lorettes. Les « grisettes » doivent leur nom au tissu grossier et bon marché dont elles étaient souvent vêtues. D'un rang social généralement inférieur, la grisette, à la différence de la lorette, n'est pas vénale.
2. Jeu de cartes.

Gavarni, *les Lorettes.*
— Voilà mon petit Émile qui venait dîner avec
moi, juge un peu ! et moi qui soupe avec Mosieu
chose... un gros comme ça !
Bête ! on dîne avec le gros et on soupe avec le petit.

aiment le jeu avec fureur ; mais en se mettant devant un tapis vert, elles vous déclarent qu'elles veulent gagner ; c'est à vous de vous arranger en conséquence.

Un jour, dans une partie de lansquenet où la banque était tenue par une jolie lorette, on s'aperçut que cette demoiselle trichait, et on lui en fit le reproche ; loin de chercher à nier le fait, elle se mit à rire en répondant : « Eh ! mon Dieu, qu'importe que je vous prenne votre argent comme cela ou autrement? ».

La lorette ne connaît que l'argent ; ne vous présentez plus chez elle lorsque votre bourse est vide, son amour aura suivi vos écus. Ce n'est pas elle qui mettrait ses effets en gage pour faire une partie de plaisir avec vous.

La lorette est également meublée, mais elle ne paie pas plus ses fournisseurs que son propriétaire. Si vous la menez dîner chez un traiteur, elle commencera par faire la bégueule. Elle n'aura pas faim ; elle n'aime ni ceci ni cela ; telle chose lui fait mal, telle autre lui répugne. Au total, elle finit par se donner une pointe et une indigestion.

[...] La grisette est modiste, ou lingère, ou couturière, ou brodeuse, ou brunisseuse, ou enfileuse de perles, ou n'importe... mais elle a un état. A la vérité, elle l'exerce rarement. Qu'on lui propose une partie de campagne, une promenade à âne, un déjeuner de garçon, un dîner à la *Chaumière* [1], un billet de spectacle, et elle envoie promener la boutique ou le magasin, l'atelier ou le comptoir.

Tant que nous pourrons lui procurer de l'agrément, elle ne songera qu'au plaisir; mais lorsque son amant n'a pas le sou, elle va se remettre à l'ouvrage tout aussi gaiement que si elle allait encore dîner chez *Passoir*, ou pincer son petit cancan au Château-Rouge, car, ne vous y trompez pas, messieurs, la grisette est philosophe, elle prend le temps comme il vient, l'argent pour ce qu'il vaut, et les hommes pour ce qu'ils lui font.

---

1. Voir G. Flaubert, Madame Bovary, III, 1 : « M. Léon, tout en étudiant son droit, avait passablement fréquenté la *Chaumière*, où il obtint même de fort jolis succès près des grisettes qui lui trouvaient l'*air distingué.* »

Elle aime avec ardeur pendant quinze jours : elle croit alors que cela durera toute sa vie, et propose à son amant d'aller habiter un désert, ou une île, comme *Robinson*, d'y vivre de légumes crus et de coquillages. Comme elle aime beaucoup les radis et les huîtres, elle pense qu'elle pourra s'habituer à ce régime ; mais au bout d'un moment elle oublie ce projet de solitude et s'écrie :

— Ah ! que je mangerais bien du veau rôti et de la salade de laitue avec des œufs durs en guise de fourniture !

Dodolphe, mène-moi à Asnières, nous ferons un dîner champêtre ; moi, pendant ce temps-là, je cueillerai des pâquerettes, des marguerites, j'en effeuillerai et je connaîtrai tes sentiments, car la marguerite ne ment jamais. Si elle s'arrête à *passionnément*, je t'embrasserai sur l'œil gauche, si elle me dit que tu ne m'aimes *pas du tout*, je t'enfoncerai des épingles dans les mollets. J'espère qu'en voilà des preuves d'amour ! »

P. de Kock, *Une gaillarde.*

— La lorette : le mot a été inventé par Nestor Roqueplan en 1840. Il est d'un emploi courant jusque dans les premières années du second Empire. Un exemple de lorette : Rosanette dans *L'éducation sentimentale*, de G. Flaubert.
— La grisette : d'après les académiciens du XIXe siècle : jeune fille ou jeune femme de médiocre condition ; elle semble avoir son équivalent au XXe siècle dans la « midinette ». Un exemple de grisette : Bernerette dans *Frédéric et Bernerette*, d'Alfred de Musset.

[FEMMES AU LAVOIR]

Le roman naturaliste d'Émile Zola (1840-1902) dépeint en profondeur les classes les plus défavorisées du second Empire. Ce n'était pas la première fois qu'un romancier choisissait ses modèles ailleurs que dans l'aristocratie ou la bourgeoisie ; mais jamais, avant Zola, les couches laborieuses de la société n'avaient été étudiées de manière aussi systématique. La femme, en particulier, perdait la grâce que lui avait toujours conférée une littérature « rassurante » : dans *L'assommoir*, par exemple, elle est saisie dans sa réalité la plus crue, victime d'une société qui l'aliène.

C'était un immense hangar [1], à plafond plat, à poutres apparentes, monté sur des piliers de fonte, fermé par de larges fenêtres claires. Un plein jour blafard passait librement dans la buée chaude suspendue comme un brouillard laiteux. Des fumées montaient de certains coins, s'étalant, noyant les fonds d'un voile bleuâtre. Il pleuvait une humidité lourde, chargée d'une odeur savonneuse, une odeur fade, moite, continue ; et, par moments, des souffles plus forts d'eau de javelle dominaient. Le long des batteries, aux deux côtés de l'allée centrale, il y avait des files de femmes, les bras nus jusqu'aux épaules, le cou nu, les jupes raccourcies montrant le bas de couleur et de gros souliers lacés. Elles tapaient furieusement, riaient, se renversaient pour crier un mot dans le vacarme, se penchaient au fond de leurs baquets, ordurières, brutales, dégingandées, trempées comme par une averse, les chairs rougies et fumantes. Autour d'elles, sous elles, coulait un grand ruissellement, les seaux d'eau chaude promenés et vidés d'un trait, les robinets d'eau froide ouverts, pissant de haut, les éclaboussements des battoirs, les égouttures des linges rincés, les mares où elles pataugeaient s'en allant par petits ruisseaux sur les dalles en pente. Et, au milieu des cris, des coups cadencés, du bruit murmurant de pluie, de cette clameur d'orage s'étouffant sous le plafond mouillé, la machine à vapeur, à droite, toute blanche d'une rosée fine, haletait et ronflait sans relâche, avec la trépidation dansante de son volant qui semblait régler l'énormité du tapage.

Cependant, Gervaise, à petits pas, suivait l'allée, en jetant des regards à droite et à gauche. Elle por-

---

1. Il s'agit du lavoir de la rue Neuve de la Goutte-d'Or, à Paris.

tait son paquet de linge passé au bras, la hanche
haute, boitant plus fort, dans le va-et-vient des laveuses
qui la bousculaient.

— Eh ! par ici, ma petite ! cria la grosse voix de
Mme Boche.

Puis, quand la jeune femme l'eut rejointe, à gauche
tout au bout, la concierge, qui frottait furieusement
une chaussette, se mit à parler par courtes phrases,
sans lâcher sa besogne.

— Mettez-vous là, je vous ai gardé votre place...
Oh ! je n'en ai pas pour longtemps. Boche ne salit
presque pas son linge... Et vous? ça ne va pas traîner
non plus, hein? Il est tout petit, votre paquet. Avant
midi, nous aurons expédié ça, et nous pourrons aller
déjeuner... Moi, je donnais mon linge à une blanchisseuse de la rue Poulet; mais elle m'emportait tout,
avec son chlore et ses brosses. Alors, je lave moi-
même. C'est tout gagné. Ça ne coûte que le savon...
Dites-donc, voilà des chemises que vous auriez dû
mettre à couler. Ces gueux d'enfants, ma parole !
ça a de la suie au derrière.

Gervaise défaisait son paquet, étalait les chemises
des petits ; et comme Mme Boche lui conseillait de
prendre un seau d'eau de lessive, elle répondit :

— Oh ! non, l'eau chaude suffira... Ça me connaît.

Elle avait trié le linge, mis à part les quelques
pièces de couleur. Puis, avoir empli son baquet de
quatre seaux d'eau froide, pris au robinet, derrière
elle, elle plongea le tas du linge blanc ; et, relevant
sa jupe, la tirant entre ses cuisses, elle entra dans une
boîte posée debout, qui lui arrivait au ventre.

— Ça vous connaît, hein? répétait Mme Boche.
Vous étiez blanchisseuse dans votre pays, n'est-ce
pas, ma petite?

Gervaise, les manches retroussées, montrant ses
beaux bras de blonde, jeunes encore, à peine rosés aux
coudes, commençait à décrasser son linge. Elle venait
d'étaler une chemise sur la planche étroite de la batterie
mangée et blanchie par l'usage de l'eau ; elle la frottait
de savon, la retournait, la frottait de l'autre côté.
Avant de répondre, elle empoigna son battoir, se

mit à taper, criant ses phrases, les ponctuant à coups rudes et cadencés.

— Oui, oui, blanchisseuse... A dix ans... Il y a douze ans de ça... Nous allions à la rivière... Ça sentait meilleur qu'ici... Il fallait voir, il y avait un coin sous les arbres... avec de l'eau claire qui courait... Vous savez, à Plassans... Vous ne connaissez pas Plassans?... près de Marseille?

— C'est du chien, ça ! s'écria Mme Boche, émerveillée de la rudesse des coups de battoir. Quelle mâtine ! elle vous aplatirait du fer, avec ses petits bras de demoiselle !

> É. Zola, *L'assommoir*, (Fasquelle édit., repris dans l'Intégrale, édit. du Seuil, 1970, t. II, pp. 380-381).

[L'ACTRICE]

Nana nous donne une image toute différente de la femme. Son charme, sa sensualité la rendent conquérante. Au-delà des apparences, sa condition rejoint pourtant celle de Gervaise. Son succès lui permet moins de se réaliser et de se libérer que de faire la fortune du directeur de théâtre qui avait su voir en elle l'« oiseau rare », capable de séduire les foules.

On donne *La Blonde Vénus* au théâtre des Variétés. Le décor représente l'Olympe. Nana, actrice et chanteuse annoncée à grand renfort de publicité, a fait salle comble.

A ce moment, les nuées, au fond, s'écartèrent, et Vénus parut. Nana, très grande, très forte pour ses dix-huit ans, dans sa tunique blanche de déesse, ses longs cheveux blonds simplement dénoués sur les épaules, descendit vers la rampe avec un aplomb tranquille, en riant au public. Et elle entama son grand air :

Lorsque Vénus rôde le soir...

Dès le second vers, on se regardait dans la salle. Était-ce une plaisanterie, quelque gageure de Bordenave[1] ? Jamais on n'avait entendu une voix aussi

---

1. Directeur du théâtre.

fausse, menée avec moins de méthode. Son directeur la jugeait bien, elle chantait comme une seringue [2]. Et elle ne savait même pas se tenir en scène, elle jetait les mains en avant dans un balancement de tout son corps, qu'on trouva peu convenable et disgracieux. Des oh ! oh ! s'élevaient déjà du parterre et des petites places, on sifflotait, lorsqu'une voix de jeune coq en train de muer, aux fauteuils d'orchestre, lança avec conviction :

— Très chic !

Toute la salle regarda. C'était le chérubin, l'échappé de collège, ses beaux yeux écarquillés, sa face blonde enflammée par la vue de Nana. Quand il vit le monde se tourner vers lui, il devint très rouge d'avoir ainsi parlé haut, sans le vouloir. Daguenet, son voisin, l'examinait avec un sourire, le public riait, comme désarmé et ne songeant plus à siffler ; tandis que les jeunes messieurs en gants blancs, empoignés eux aussi par le galbe de Nana, se pâmaient, applaudissaient.

— C'est ça, très bien ! bravo !

Nana, cependant, en voyant rire la salle, s'était mise à rire. La gaieté redoubla. Elle était drôle tout de même, cette belle fille. Son amour lui creusait un amour de petit trou dans le menton. Elle attendait, pas gênée, familière, entrant tout de suite de plain-pied avec le public, ayant l'air de dire elle-même d'un clignement d'yeux qu'elle n'avait pas de talent pour deux liards, mais que ça ne faisait rien, qu'elle avait autre chose. Et, après avoir adressé au chef d'orchestre un geste qui signifiait : « Allons-y, mon bonhomme ! » elle commença le second couplet :

A minuit, c'est Vénus qui passe...

C'était toujours la même voix vinaigrée, mais à présent elle grattait si bien le public au bon endroit, qu'elle lui tirait par moments un léger frisson. Nana avait gardé son rire, qui éclairait sa petite bouche rouge et luisait dans ses grands yeux, d'un bleu très clair. A certains vers un peu vifs, une friandise retroussait

---

2. Bordenave déclarait avant la représentation : « Est-ce qu'une femme a besoin de savoir jouer et chanter ? Oh ! mon petit, tu es trop bête... Nana a autre chose, parbleu ! et quelque chose qui remplace tout.

son nez dont les ailes roses battaient, pendant qu'une flamme passait sur ses joues. Elle continuait à se balancer, ne sachant faire que ça. Et on ne trouvait plus ça vilain du tout, au contraire ; les hommes braquaient leurs jumelles. Comme elle terminait le couplet, la voix lui manqua complètement, elle comprit qu'elle n'irait jamais jusqu'au bout. Alors, sans s'inquiéter, elle donna un coup de hanche qui dessina une rondeur sous la mince tunique, tandis que, la taille pliée, la gorge renversée, elle tendait les bras. Des applaudissements éclatèrent. Tout de suite, elle s'était tournée, remontant, faisant voir sa nuque où des cheveux roux mettaient comme une toison de bête ; et les applaudissements devinrent furieux.

> E. Zola, *Nana*, (Fasquelle édit., repris dans *L'Intégrale*, édit. du Seuil, 1970, t. III, p. 197).

● **Féministes et antiféministes**

[POUR UNE ÉDUCATION AMOUREUSE DES JEUNES FILLES]

Peut-on être homme et féministe ? Stendhal semble prouver que oui. Parlant de lui, Simone de Beauvoir écrit dans *Le deuxième sexe* : « Au sortir de ces carnavals où la Femme tour à tour se déguise en mégère, en nymphe, en étoile du matin, en sirène, il est réconfortant d'aborder un homme qui vit parmi des femmes de chair et d'os. » Les chapitres LIV à LVI du livre II de *De l'amour* sont une violente réaction contre les préjugés touchant à l'éducation des femmes : si les femmes instruites sont le plus souvent pédantes, écrit-il, c'est qu'elles demeurent une singularité dans une société qui néglige leur éducation : « Plantez un jeune arbre au milieu d'une épaisse forêt, privé d'air et de soleil par ses voisins, ses feuilles seront étiolées, il prendra une forme élancée et ridicule qui *n'est pas celle de la nature*. » Si encore on n'éduquait pas les jeunes filles ! Mais on les éduque mal : pourquoi d'ailleurs les hommes se soucieraient-ils de donner des armes aux femmes alors qu'ils rêvent de les tenir en servitude ?

Le plaisant de l'éducation actuelle, c'est qu'on n'apprend rien aux jeunes filles, qu'elles ne doivent oublier bien vite, dès qu'elles seront mariées. Il faut quatre heures par jour pendant six ans, pour bien jouer de la harpe ; pour bien peindre la miniature ou l'aquarelle, il faut la moitié de ce temps. La plupart des jeunes filles n'arrivent pas même à une médiocrité supportable ; de là le proverbe si vrai : qui dit amateur dit ignorant [1].

Et supposons une jeune fille avec quelque talent, trois ans après qu'elle est mariée elle ne prend pas sa harpe ou ses pinceaux une fois par mois ; ces objets de tant de travail lui sont devenus ennuyeux, à moins que le hasard ne lui ait donné l'âme d'un artiste, chose toujours fort rare et qui rend peu propre aux soins domestiques.

C'est ainsi que sous un vain prétexte de décence, l'on n'apprend rien aux jeunes filles qui puisse les guider dans les circonstances qu'elles rencontreront dans la vie ; on fait plus, on leur cache, on leur nie ces circonstances afin d'ajouter à leur force : 1° l'effet de la surprise ; 2° l'effet de la défiance rejetée sur toute l'éducation comme ayant été menteuse [2]. Je soutiens qu'on doit parler de l'amour à des jeunes filles bien élevées. Qui osera avancer de bonne foi que dans nos mœurs actuelles les jeunes filles de seize ans ignorent l'existence de l'amour? Par qui reçoivent-elles cette idée si importante et si difficile à bien donner? Voyez Julie d'Étanges se plaindre des connaissances qu'elle doit à la Chaillot, une femme de chambre de la maison. Il faut savoir gré à Rousseau d'avoir osé être peintre fidèle en un siècle de fausse décence.

L'éducation actuelle des femmes étant peut-être la plus plaisante absurdité de l'Europe moderne, moins elles ont d'éducation proprement dite, et plus elles valent [3]. C'est pour cela peut-être qu'en Italie, en

---

1. Le contraire de ce proverbe est vrai en Italie où les plus belles voix se trouvent parmi les amateurs étrangers au théâtre. (Note de l'auteur.)
2. Éducation donnée à Mme d'Épinay (*Mémoires*, t. I). (Note de l'auteur.)
3. J'excepte l'éducation des manières ; on entre mieux dans un salon rue Verte, que rue Saint-Martin. (Note de l'auteur.) (La rue Verte, disparue aujourd'hui, correspond à peu près à l'actuelle rue Matignon.)

Espagne, elles sont si supérieures aux hommes et je dirais même si supérieures aux femmes des autres pays.

Stendhal, *De l'amour*, Livre II, chap. LVI.

— Sur la supériorité des femmes italiennes, voir « *Femmes italiennes* » (p. 104); sur l'éducation des femmes, voir Mme Roland, « Je ne ferai point de ma fille une virtuose » (p. 88). Sur l'éducation donnée aux jeunes filles au XIXᵉ siècle, voir encore Stendhal, *Lamiel*, notamment le chapitre VIᵉ.

[CONTRE LES BAS-BLEUS]

Les bas-bleus : c'est ainsi que Jules Barbey d'Aurevilly (1808-1889) appelait lui-même les femmes qui, se détournant de ce qui fait leur charme, veulent rivaliser de science avec les hommes. Peut-être se souvenait-il des diatribes de Byron contre ces mêmes bas-bleus (en anglais : « the Blues ») : dans le premier chant de *Don Juan*, du grand poète anglais, le pédantisme monstrueux de la mère de Don Juan est dénoncé comme une cause directe de la perversité à laquelle succombera son fils. Dans ce passage de *La bague d'Annibal*, l'une de ses premières œuvres, il semble que ce soit à George Sand que pense Barbey d'Aurevilly. Lui-même confessera plus tard qu'il a donné un « coup de patte » sur « la charmante main » de la romancière.

Une position, — un mariage, — idées identiques pour une femme, puisque les hommes l'ont voulu ainsi. Oh ! ne la blâmez pas de cette ambition, la seule que vous ayez laissée aux femmes, hommes dont l'égoïsme de lion a tout pris ! Puisque vous achetez de la meilleure monnaie de vos poches... ou de votre âme, des places, des cordons, la députation, un ministère, pourquoi interdiriez-vous à la femme l'achat moral d'un mari, quand l'achat matériel n'est pas possible ? Pourquoi interdiriez-vous aux pauvres femmes cette dernière ressource, en attendant leur émancipation définitive, ce qui ne peut manquer d'arriver au train charmant dont nous allons !

Quand, au lieu de vivre modestes, pures, retirées, rougissantes, dans le saint abri du gynécée, elles se mêlent aux hommes, comme des femelles à la croupe frissonnante et aux naseaux fumants des appels d'une volupté grossière ! quand, ingrates envers Dieu qui les fit si belles, et s'aveuglant sur leur puissance, elles préfèrent la vanité d'écrire au substantiel bien d'être aimées, et souillent d'encre des mains divines pour prouver à leurs contemporains la légitimité de l'adultère !...

J. Barbey d'Aurevilly, *La bague d'Annibal,*
CXII et CXIII.

— Florilège antiféministe :

« La femme est un animal qui a des cheveux longs et des idées courtes. » (Schopenhauer.)

« Un homme ne peut se flatter de connaître sa femme et de la rendre heureuse que quand il la voit souvent à ses genoux. » (Balzac.)

« La femme ne sait pas séparer l'âme du corps. Elle est simpliste, comme les animaux. — Un satirique dirait que c'est parce qu'elle n'a que le corps. » (Baudelaire.)

« La femme du monde seule est femme ; le reste, des femelles. » (les Goncourt.)

[FEMME OU POUPÉE ?]

Maison de poupée, pièce de l'écrivain norvégien Henrik Ibsen (1828-1906), donne un exemple intéressant de féminisme dans la littérature scandinave. La scène dont voici un extrait se situe à la fin de la pièce. La commentant, M. Prozor déclare, dans la préface de l'édition citée : « On a objecté, non sans quelque apparence de justesse, à ceux qui trouvent singulièrement brusque le changement à vue qui s'opère en Nora durant sa dernière scène avec son mari, que l'auteur, après avoir donné autant de réalité que possible à ses personnages pendant toute la durée de l'action, leur enlève ce manteau au dénouement. [...] C'est que, pour un public scandinave, l'invraisemblance est moins grande. Il faut connaître les doubles et les triples fonds qui existent dans l'âme de la femme scandinave et ménagent à qui l'observent les surprises les plus inattendues. »

NORA. — Nous y voilà! Tu ne m'as jamais comprise... On a été très injuste envers moi, Forvald : papa d'abord, toi ensuite.

HELMER. — Quoi? Nous deux !... Mais qui donc t'a aimée autant que nous ?

NORA, *secouant la tête.* — Vous ne m'avez jamais aimée. Il vous a semblé amusant d'être en adoration devant moi, voilà tout.

HELMER. — Voyons, Nora, que veut dire ce langage?

NORA. — C'est ainsi, Forvald : quand j'étais chez papa, il m'exposait ses idées et je les partageais. Si j'en avais d'autres, je les cachais. Il n'aurait pas aimé cela. Il m'appelait sa petite poupée et jouait avec moi comme je jouais avec mes poupées. Puis, je suis venue chez toi...

HELMER. — Tu as de singulières expressions pour parler de notre mariage.

NORA, *sans changer de ton.* — Je veux dire que, des mains de papa, j'ai passé dans les tiennes. Tu as tout arrangé à ton goût et ce goût je le partageais, ou bien je faisais semblant, je ne sais pas au juste ; l'un et l'autre peut-être, tantôt ceci, tantôt ça. En jetant maintenant un regard en arrière, il me semble que j'ai vécu ici comme vivent les pauvres gens... au jour le jour. J'ai vécu des pirouettes que je faisais pour toi, Forvald. Mais cela te convenait. Toi et papa, vous avez été bien coupables envers moi. A vous la faute, si je ne suis bonne à rien.

HELMER. — Tu es absurde, Nora, absurde et ingrate. N'as-tu pas été heureuse ici ?

NORA. — Jamais. J'ai cru l'être, mais je ne l'ai jamais été.

HELMER. — Tu n'as pas... tu n'as pas été heureuse !

NORA. — Non : j'ai été gaie, voilà tout. Tu étais si gentil envers moi : mais notre maison n'a pas été autre chose qu'une salle de récréation. J'ai été poupée-femme chez toi, comme j'avais été poupée-enfant chez papa. Et nos enfants, à leur tour, ont été mes poupées à moi. Je trouvais drôle quand tu jouais avec moi, comme ils trouvaient drôle quand je jouais avec eux. Voilà ce qu'a été notre union, Forvald.

> H. Ibsen, *Maison de poupée*, acte III.
> (trad. du norvégien par M. Prozor
> in *Théâtre*, Albert Savine édit., 1889).

● **La femme idéale**

LAQUELLE EST LA VRAIE ?

> Ce poème de Charles Baudelaire (1821-1867), paru sans titre en 1863, figure dans l'édition définitive des petits poèmes en prose. On y trouve, selon Henri Lemaitre (note de l'édition citée) « cette obsession baudelairienne de l'ambiguïté féminine » dans « une nouvelle et saisissante expression, excellement rassemblée dans ce titre aux résonances à la fois familières et tragiques, comme le poème lui-même ».

J'ai connu une certaine Bénédicta, qui remplissait l'atmosphère d'idéal, et dont les yeux répandaient le désir de la grandeur, de la beauté, de la gloire et de tout ce qui fait croire à l'immortalité...

Mais cette fille miraculeuse était trop belle pour vivre longtemps ; aussi est-elle morte quelques jours après que j'eus fait sa connaissance et c'est moi-même qui l'ai enterrée, un jour que le printemps agitait son encensoir jusque dans les cimetières. C'est moi qui l'ai enterrée, bien close dans une bière d'un bois parfumé et incorruptible comme les coffres de l'Inde.

Et comme mes yeux restaient fichés sur le lieu où était enfoui mon trésor, je vis subitement une petite personne qui ressemblait singulièrement à la défunte, et qui, piétinant sur la terre fraîche, avec une violence hystérique et bizarre disait, en éclatant de rire : « C'est moi, la vraie Bénédicta ! C'est moi, une fameuse canaille ! Et pour la punition de ta folie et de ton aveuglement, tu m'aimeras telle que je suis ! »

Mais moi, furieux, j'ai répondu : « Non ! non ! non ! » Et, pour mieux accentuer mon refus, j'ai frappé si violemment la terre du pied, que ma jambe s'est enfoncée jusqu'au genou dans la sépulture récente, et que, comme un loup pris au piège, je reste attaché, pour toujours peut-être, à la fosse de l'idéal.

Ch. Baudelaire, Petits poèmes en prose.

— Sur l'ambiguïté de la femme, voir Baudelaire, *Fleurs du mal* : *Le Masque* (« La femme au corps divin, promettant le bonheur, / Par le haut se termine en monstre bicéphale ! »), *Hymne à la beauté*, *Femmes damnées*. Voir aussi *Journaux intimes*, *Mon cœur mis à nu*, passim.

[L'IDOLE ET SON MYSTÈRE]

Le peintre de la vie moderne, inséré dans les *Curiosités esthétiques*, est une étude que Baudelaire consacra à Constantin Guys, dessinateur français : Baudelaire lui sait gré d'avoir su traduire la « modernité » de son époque. Exprimer la vérité de la femme ne doit pas consister, pour un artiste, à la revêtir d'habits anciens, mais à la saisir avec l'attitude, le regard, le costume que nous lui voyons tous les jours.

L'être qui est, pour la plupart des hommes, la source des plus vives, et même, disons-le à la honte des voluptés philosophiques, des plus durables jouissances ; l'être vers qui ou au profit de qui tendent tous leurs efforts ; cet être terrible et incommunicable comme Dieu (avec cette différence que l'infini ne se communique pas parce qu'il aveuglerait et écraserait le fini, tandis que l'être dont nous parlons n'est peut-être incompréhensible que parce qu'il n'a rien à communiquer) ; cet être en qui Joseph de Maistre[1] voyait *un bel animal* dont les grâces égayaient et rendaient plus facile le jeu sérieux de la politique ; pour qui et par qui se font et défont les fortunes ; pour qui, mais surtout *par qui* les artistes et les poètes composent leurs plus délicats bijoux ; de qui dérivent les plaisirs les plus énervants et les douleurs les plus fécondantes, la femme, en un mot, n'est pas seulement pour l'artiste en général, et pour M. G.[2] en particulier, la femelle de l'homme. C'est plutôt une divinité, un astre, qui préside à toutes les conceptions du cerveau mâle ; c'est un miroitement de toutes les grâces de la nature condensées dans un seul être ; c'est l'objet de l'admiration et de la curiosité la plus vive que le tableau de la vie puisse offrir au contemplateur. C'est une espèce d'idole, stupide peut-être, mais éblouissante, enchanteresse, qui tient les destinées et les volontés suspendues à ses regards. Ce n'est pas, dis-je, un animal dont les membres, correctement assemblés, fournissent un parfait exemple d'harmonie ; ce n'est même pas le type de beauté pure, tel que peut le rêver le sculpteur dans ses plus sévères méditations ; non, ce ne serait pas encore suffisant pour en expliquer le mystérieux et complexe enchantement. [...] Tout ce qui orne la femme, tout ce qui sert à illustrer sa beauté, fait partie d'elle-même ; et les artistes qui se sont particulièrement appliqués à l'étude de cet être énigmatique raffolent autant de tout le *mundus muliebris*[3] que de la femme elle-même. La femme est sans doute une lumière, un regard, une invitation au bonheur, une parole quelquefois ; mais elle est surtout

---

1. Philosophe français (1753-1821), défenseur farouche du Roi, du Pape, et aussi du Bourreau. Baudelaire le considérait comme un de ses maîtres spirituels.
2. Constantin Guys.
3. Ornement, toilette de la femme.

C. Guys, *Trois femmes debout.*
" Tout ce qui orne la femme fait partie d'elle-même "
(Baudelaire)

une harmonie générale, non seulement dans son allure et le mouvement de ses membres, mais aussi dans les mousselines, les gazes, les vastes et chatoyantes nuées d'étoffes dont elle s'enveloppe, et qui sont comme les attributs et le piédestal de sa divinité ; dans le métal et le minéral qui serpentent autour de ses bras et de son cou, qui ajoutent leurs étincelles au feu de ses regards, ou qui jasent doucement à ses oreilles. Quel poëte oserait, dans la peinture du plaisir causé par l'apparition d'une beauté, séparer la femme de son costume? Quel est l'homme qui, dans la rue, au théâtre, au bois, n'a pas joui, de la manière la plus désintéressée, d'une toilette savamment composée, et n'en a pas emporté une image inséparable de la beauté de celle à qui elle appartenait, faisant ainsi des deux, de la femme et de la robe, une totalité indivisible ?

Ch. Baudelaire, *Curiosités esthétiques, Le peintre de la vie moderne.*

[FEMME OU ACTRICE?]

C'est son propre drame que Gérard de Nerval (1808-1855) transpose dans la plupart de ses œuvres. Dans *Sylvie*, l'une des *Filles du feu*, il est partagé entre sa tendresse pour Sylvie, son amie d'enfance, « bonne et pure de cœur », et la poursuite d'un amour idéal, représenté ici par une femme de théâtre.

Je sortais d'un théâtre où tous les soirs je paraissais aux avant-scènes en grande tenue de soupirant. Quelquefois tout était plein, quelquefois tout était vide. Peu m'importait d'arrêter mes regards sur un parterre peuplé seulement d'une trentaine d'amateurs forcés, sur des loges garnies de bonnets ou de toilettes surannées, — ou bien de faire partie d'une salle animée et frémissante couronnée à tous ses étages de toilettes fleuries, de bijoux étincelants et de visages radieux. Indifférent au spectacle de la salle, celui du théâtre ne m'arrêtait guère, — excepté lorsqu'à la seconde ou à la troisième scène d'un maussade chef-d'œuvre d'alors, une apparition bien connue illuminait l'espace vide, rendant la vie d'un souffle et d'un mot à ces vaines figures qui m'entouraient.

Je me sentais vivre en elle, et elle vivait pour moi seul. Son sourire me remplissait d'une béatitude infinie ; la vibration de sa voix si douce et cependant fortement timbrée me faisait tressaillir de joie et d'amour. Elle avait pour moi toutes les perfections, elle répondait à tous mes enthousiasmes, à tous mes caprices, — belle comme le jour aux feux de la rampe qui l'éclairait d'en bas, pâle comme la nuit, quand la rampe baissée la laissait éclairée d'en haut sous les rayons du lustre et la montrait plus naturelle, brillant dans l'ombre de sa seule beauté, comme les Heures divines qui se découpent, avec une étoile au front, sur les fonds bruns des fresques d'Herculanum !

Depuis un an, je n'avais pas encore songé à m'informer de ce qu'elle pouvait être d'ailleurs ; je craignais de troubler le miroir magique qui me renvoyait son image, — et tout au plus avais-je prêté l'oreille à quelques propos concernant non plus l'actrice, mais la femme. Je m'en informais aussi peu que des bruits qui ont pu courir sur la princesse d'Élide ou sur la reine de Trébizonde, — un de mes oncles, qui avait vécu dans les avant-dernières années du xviiie siècle, comme il fallait y vivre pour le bien connaître, m'ayant prévenu de bonne heure que les actrices n'étaient pas des femmes, et que la nature avait oublié de leur faire un cœur. Il parlait de celles de ce temps-là sans doute ; mais il m'avait raconté tant d'histoires de ses illusions, de ses déceptions, et montré tant de portraits sur ivoire, médaillons charmants qu'il utilisait depuis à parer des tabatières, tant de billets jaunis, tant de faveurs fanées, en m'en faisant l'histoire et le compte définitif, que je m'étais habitué à penser mal de toutes sans tenir compte de l'ordre des temps.

G. de Nerval, Sylvie.

— L'image de la femme idéale dans Nerval : voir dans *Les filles du feu*, *Corilla* (« Comme Pygmalion, j'adorais la forme extérieure d'une femme; seulement la statue se mouvait tous les soirs sous mes yeux avec une grâce divine, et, de sa bouche, il ne tombait que des perles de mélodie. »); dans *Les illuminés*, *Les confidences de Nicolas* (« Rien n'est plus dangereux pour les gens d'un naturel rêveur qu'un amour sérieux pour une personne de théâtre; c'est un mensonge perpétuel, c'est le rêve d'un malade, c'est l'illusion d'un fou. La vie s'attache tout entière à une chimère irréalisable qu'on serait heureux de conserver à l'état de désir et d'aspiration, mais qui s'évanouit dès qu'on veut toucher l'idole »); également dans *Petits châteaux de Bohême*, *Fantaisie* ; *La Pandora* ; dans *Voyage en Orient*, *Les nuits du Ramazan*, III, 2 (*Balkis*).

[« CE FUT COMME UNE APPARITION... »]

Gustave Flaubert (1822-1880) a repris, dans *L'éducation sentimentale*, un sujet que plusieurs romanciers du XIXe siècle avaient traité avant lui : l'amour idéalisé et sans espoir d'un jeune homme pour une femme mariée. Sur le bateau qui le ramène à Nogent, Frédéric Moreau, nouvellement reçu bachelier, aperçoit pour la première fois Mme Arnoux, qui sera le grand amour de sa vie.

Ce fut comme une apparition :

Elle était assise, au milieu du banc, toute seule ; ou du moins il ne distingua personne, dans l'éblouissement que lui envoyèrent ses yeux. En même temps qu'il passait, elle leva la tête ; il fléchit involontairement les épaules ; et, quand il se fut mis plus loin, du même côté, il la regarda.

Elle avait un large chapeau de paille, avec des rubans roses qui palpitaient au vent, derrière elle. Ses bandeaux noirs, contournant la pointe de ses grands sourcils, descendaient très bas et semblaient presser amoureusement l'ovale de sa figure. Sa robe de mousseline claire, tachetée de petits pois, se répandait à plis nombreux. Elle était en train de broder quelque chose ; et son nez droit, son menton, toute sa personne se découpait sur le fond de l'air bleu.

Comme elle gardait la même attitude, il fit plusieurs tours de droite et de gauche pour dissimuler sa manœuvre ; puis il se planta tout près de son ombrelle, posée contre le banc, et il affectait d'observer une chaloupe sur la rivière.

Jamais il n'avait vu cette splendeur de sa peau brune, la séduction de sa taille, ni cette finesse des doigts que la lumière traversait. Il considérait son panier à ouvrage avec ébahissement, comme une chose extraordinaire. Quels étaient son nom, sa demeure, sa vie, son passé? Il souhaitait connaître les meubles de sa chambre, toutes les robes qu'elle avait portées, les gens qu'elle fréquentait; et le désir de la possession physique même disparaissait sous une envie plus profonde, dans une curiosité douloureuse qui n'avait pas de limites.

Une négresse, coiffée d'un foulard, se présenta, en tenant par la main une petite fille, déjà grande. L'enfant, dont les yeux roulaient des larmes, venait de s'éveiller ; elle la prit sur ses genoux. « Mademoiselle n'était pas sage, quoiqu'elle eût sept ans bientôt ; sa mère ne l'aimerait plus ; on lui pardonnait trop ses caprices. » Et Frédéric se réjouissait d'entendre ces choses, comme s'il eût fait une découverte, une acquisition.

Il la supposait d'origine andalouse, créole peut-être ; elle avait ramené des îles cette négresse avec elle ?

Un long châle à bandes violettes était placé derrière son dos, sur le bordage de cuivre. Elle avait dû, bien des fois, au milieu de la mer, durant les soirs humides, en envelopper sa taille, s'en couvrir les pieds, dormir dedans ! Mais, entraîné par les franges, il glissait peu à peu, il allait tomber dans l'eau. Frédéric fit un bond et le rattrapa. Elle lui dit :

— Je vous remercie, monsieur.

Leurs yeux se rencontrèrent.

G. Flaubert, *L'éducation sentimentale*, première partie, chap. i.

— La part de la description physique proprement dite ; la part de la description de tout ce qui touche à Mme Arnoux : ses vêtements, les objets qui l'entourent, son enfant, la négresse, ses origines et son passé, ou du moins ce que Frédéric peut en supposer. Mme Arnoux *elle-même* nous est finalement très peu montrée. A quelle intention de Flaubert ce choix vous paraît-il correspondre ?

— C'est Albert Thibaudet qui voit en Mme Arnoux « la femme de trente ans, la Muse et la madone. » Ces aspects de son personnage sont-ils déjà visibles dans le texte ?

— Relever les verbes qui rendent compte du comportement de Frédéric (verbes indiquant les différentes nuances du regard, les attitudes, ou l'action) et en tirer des conclusions.

— Rapprocher et comparer cette première « apparition » de Mme Arnoux avec la première rencontre d'Emma par Charles Bovary (*Madame Bovary*, première partie, chap. II : « Charles fut surpris de la blancheur de ses ongles. Ils étaient brillants... » etc.)

● **Projection dans le futur**

[« JE VOUS OFFRE UNE ÈVE SCIENTIFIQUE... »]

Dans *L'Ève future*, Auguste Villiers de l'Isle-Adam (1840-1889) nous montre le grand savant américain Edison construisant grâce à la « fée électricité » un merveilleux automate. Son Ève représentera, par sa beauté et son esprit, la femme idéale : œuvre de la science, mais aussi comme il l'explique à Lord Ewald, matérialisation de son propre rêve.

« Vous prétendez qu'il est impossible de préférer à une vivante l'andréide [1] de cette vivante ? Que l'on ne saurait rien sacrifier de soi-même, ni de ses croyances, ni de ses humaines amours, pour une

---

1. Féminin d'« androïde », « automate à forme humaine ».

chose inanimée ? Que l'on ne confondra rien d'une
âme avec la fumée qui sort d'une pile ?

« Mais — ce sont là des paroles que vous avez perdu
le droit de proférer. Car, pour la fumée qui sort d'une
chaudière, vous avez renié toutes les croyances que
tant de millions de héros, de penseurs et de martyrs
vous avaient léguées depuis plus de six mille années,
vous qui ne datez que d'un sempiternel *Demain*
dont le soleil pourrait fort bien ne se lever jamais.
A quoi donc avez-vous préféré, depuis hier à peine,
les prétendus principes immuables de vos devanciers,
sur la planète, — rois, dieux, famille, patries ?
A ce peu de fumée qui les emporte, en sifflant, et
les dissipe, au gré du vent, sur tous les sillons de la
terre, entre toutes les vagues de la mer ! En vingt-
cinq années, cinq cent mille haleines de locomotives
ont suffi pour plonger vos « âmes éclairées » dans le
doute le plus profond de tout ce qui fut la foi de plus
de six mille ans d'Humanité.

« Souffrez que je me défie quelque peu des subites
et prétendues clairvoyances d'un être collectif dont
l'erreur aurait si longtemps duré ! S'il a suffi, d'ores
et déjà, de la fumée, initialement sortie de la fameuse
marmite de Papin, pour obscurcir et troubler, en
vos consciences, l'amour, — l'idée même d'un Dieu,
— pour détruire tant d'immortelles, de sublimes,
de natales espérances, — tant d'antiques, foncières
et légitimes espérances ! — à quel titre prendrai-je
au sérieux vos dénégations inconséquentes et vos
entendus sourires de renégats, vos clameurs de morale,
démenties chaque jour par votre vie ?

« Je viens de vous dire : Puisque nos dieux et nos
espoirs ne sont plus que *scientifiques*, pourquoi nos
amours ne le deviendraient-ils pas également ? —
A la place de l'Ève de la légende oubliée, de la légende
méprisée par la Science, je vous offre une Ève scientifique, — seule digne, ce me semble, de ces viscères
flétris que, — par un reste de sentimentalisme dont
vous êtes les premiers à sourire, — vous appelez
encore « vos cœurs ». Loin de supprimer l'amour
envers ces épouses, — si nécessaires (jusqu'à nouvel
ordre, du moins), à la perpétuité de notre race, —

je propose, au contraire, d'en assurer, raffermir et agrantir la durée, l'intégrité, les intérêts matériels, à l'aide innocente de mille et mille merveilleux simulacres — où les belles maîtresses décevantes, mais désormais inoffensives, se dédoubleront en une nature perfectionnée encore par la Science, et dont la salubre adjonction atténuera, du moins, les préjudices qu'entraînent toujours, après tout, vos hypocrites défaillances conjugales. — Bref, moi « le sorcier de Menlo Park », ainsi que l'on m'appelle ici-bas, je viens offrir aux humains de ces temps évolus et nouveaux, — à mes semblables en Actualisme, enfin ! — de préférer désormais à la mensongère, médiocre et toujours changeante Réalité, une positive, prestigieuse et toujours fidèle Illusion.

A. Villiers de l'Isle-Adam, *L'Ève future*, livre V, chap. XVI.

— Le thème de l'automate au XIXᵉ siècle : voir Hoffmann, *L'homme au sable*, et Achim d'Arnim, *Isabelle d'Égypte*.

● CHAPITRE VI

LA PÉRIODE CONTEMPORAINE

La notion même de thème se trouve remise en question par la critique moderne. Qu'est-ce qu'un thème littéraire? S'agit-il d'une réalité *préexistant* à l'œuvre, que l'écrivain *exprimerait* à sa manière, en s'exposant à l'appréciation morale ou philosophique que lui vaudrait une telle interprétation? Ou bien le thème naît-il *avec* l'œuvre, et de même que les visages de Picasso sont les composantes esthétiques de ses toiles, les thèmes des grands auteurs seraient-ils de simples *motifs* qui prendraient existence et valeur à l'intérieur d'un roman ou d'un poème? Si la littérature *exprime* quelque chose qui lui est extérieur, on a raison de ranger la femme parmi les thèmes-tabous, ceux du moins qu'un auteur ne saurait manier avec trop de circonspection. Ainsi l'entendent beaucoup d'esprits : de même qu'on reproche parfois à Apollinaire d'avoir écrit « Ah! Dieu que la guerre est jolie! » ou à Robbe-Grillet d'avoir fait de la révolution le motif esthétique d'un de ses romans, de même admettra-t-on mal que la femme, « victime de notre société », serve les prétentions esthétiques de tel ou tel. On ne badine pas avec la femme, pas plus qu'avec la guerre ou avec la révolution.

Cette façon d'aborder la littérature est largement majoritaire. Le succès du roman de VICTOR MARGUERITTE, *La garçonne*, paru en 1922, était de pur scandale : l'œuvre révélait, et, qui

sait, popularisait un mode de vie féminin choquant ou alléchant.
Si COLETTE, ou plus près de nous CHRISTIANE ROCHEFORT,
se sont taillé un appréciable succès, c'est moins en raison de leur
réel talent que parce que leurs livres soulevaient des problèmes
brûlants d'actualité pour la moitié du genre humain, et pour
une bonne partie de l'autre moitié. Quand SIMONE DE BEAUVOIR,
enfin, décerne le blâme ou l'éloge, dans son *Deuxième sexe*,
aux auteurs qui ont traité de la femme, elle ne le fait pas suivant
des critères artistiques ou littéraires, mais en fonction des
intentions qu'elle prête à Claudel, Breton, Stendhal ou Mon-
therlant. On peut le regretter : il reste que la littérature de notre
temps est souvent, lors même qu'elle refuse cette étiquette, une
littérature « engagée ». On ne s'étonnera donc pas de voir
figurer parmi les textes choisis au XXᵉ siècle de nombreuses
« illustrations » de telle ou telle théorie. Tout naturel quand
il s'agit de penseurs plutôt que d'artistes (la conception d'une
nature féminine, reconnue par ALAIN, poussée à ses plus extrêmes
conséquences par GINA LOMBROSO, sublimée par Gertrud von
Le Fort, violemment rejetée par Simone de Beauvoir, alimente
la querelle sur le féminisme), le phénomène surprend davantage
au cœur d'œuvres qui ne se veulent point théoriques et où apparaît
parfois comme une parenthèse une certaine conception de la
femme : reflet d'un idéal — chrétien ou marxiste — ou projection
d'une justification personnelle, où l'on retrempe sa volonté,
comme chez Colette.

Il serait pourtant trop facile de railler pareille contamination; si l'œuvre littéraire n'est pas, à notre sens, « expression
de la vie », elle n'est pas non plus, comme tendraient à le faire
croire certains critiques modernes, un champ clos de signes
qui s'éclaireraient les uns par les autres. Il y a une certaine
hypocrisie à présenter, comme le fait Jean Ricardou dans son
roman *L'observatoire de Cannes*, une jeune baigneuse en bikini,
et à prétendre ensuite (dans *Problèmes du nouveau roman*) que les
triangles de son soutien-gorge et de son slip de bain entrent dans
un réseau de signes triangulaires tout entiers contenus dans l'œuvre. Si les romanciers ne se sont pas, à la différence des peintres, résolus à l'abstraction, c'est qu'ils ne désespèrent pas
d'enrichir le pouvoir de suggestion de leurs œuvres par des allusions à une réalité extra-littéraire, et qu'ils ne se contentent pas
des « réseaux harmoniques produits par les développements
formels de la description » ainsi que voudrait le faire croire
Jean Ricardou. Aucun lecteur, « informé » de la présence d'une

jeune personne peu vêtue sur une plage à la mode, n'isolera cette image d'un contexte social et érotique, sans préjuger bien entendu des modifications que feront intervenir dans son esprit l'épaisseur de l'œuvre et les signes proprement littéraires qu'elle contient. Aussi bien faisons-nous figurer dans les pages qui suivent un certain nombre de « documents » sur les différents aspects de la femme au xxᵉ siècle, non comme une série de « hors-texte » à l'intérieur d'un recueil avant tout littéraire, mais comme des images de la femme indispensables à qui veut saisir les racines et la portée de bien des œuvres modernes.

Il nous paraît toutefois intolérable que soient condamnés, même au nom des meilleures intentions, les écrivains qui refusent de faire servir à un combat, féministe ou autre, les vertus de leur art; à plus forte raison ceux qui voient dans la rhétorique traditionnelle un moyen illusoire de rompre avec une tradition historique. Faut-il expulser de nous-mêmes le mythe de la femme, présent à nos esprits et à nos cœurs sous les espèces de la Vierge, de Vénus ou de Mélusine? Faut-il faire un sort à l'Éternel féminin, utilisé par ceux qui rêvent de perpétuer l'éternel servage de la femme? Si oui, on n'y parviendra ni en jetant un voile sur des notions jugées détestables, ni en multipliant les leçons de morale, mais par une « purgation » analogue à celle que réalise la tragédie. Accuserait-on Racine de favoriser les passions funestes dans le cœur de l'homme parce qu'il les sublime plutôt qu'il ne les blâme? Les textes d'ANDRÉ BRETON ou de LAWRENCE DURRELL que nous citons ici ne sont pas des textes de « morale »; mais en exprimant une vérité poétique, ils transmettent une image de la femme plus profonde et, partant, plus salutaire pour qui veut rompre avec la routine d'une histoire dominée par le patriarcat; car si l'Éternel féminin est pour d'aucuns un prétexte commode pour conserver ce qui est acquis, il est pour l'artiste la nostalgie et la promesse d'un idéal. Cette promesse sera mieux accomplie, croyons-nous, par une expression poétique affranchie d'un long passé de colonisation masculine, ouverte à toutes aussi bien qu'à tous, que par la mâle rhétorique utilisée trop souvent par les théoriciens féministes pour censurer telle ou telle vision de la femme, ancrée au cœur d'un artiste et de son époque.

● **Idéaux féminins**

[L'IDÉAL CHRÉTIEN :
VIOLAINE, VIERGE, ÉPOUSE DU CHRIST ET MÈRE]

L'annonce faite à Marie, mystère en quatre actes, est l'une des plus belles pièces de Paul Claudel (1868-1955). Publiée en 1912, elle a été adaptée dans une version simplifiée destinée à la scène et représentée pour la première fois sous sa forme définitive en 1948, à Paris, par le théâtre Hébertot.

Violaine a, par charité, donné un baiser au lépreux Pierre de Craon, le bâtisseur de cathédrales. Quand il s'aperçoit qu'elle est atteinte de la lèpre, son fiancé Jacques Hury s'éloigne d'elle et épouse sa sœur, Mara. Celle-ci a de Jacques une fille, qui meurt. Les prières de Violaine ressuscitent l'enfant, mais Mara ne pardonne pas à Violaine que les yeux de l'enfant soient devenus bleus, comme les siens. Un an plus tard, Anne Vercors rapporte dans ses bras le corps de sa fille Violaine, mourante.

VIOLAINE. — Père, c'est joli, cette chanson, je la reconnais ! c'est celle que nous chantions autrefois quand nous allions chercher des mûres le long des haies,

Nous deux Mara !

ANNE VERCORS. — Violaine, c'est Jacques qui est là tout près de toi.

VIOLAINE. — Est-ce qu'il est toujours en colère ?

ANNE VERCORS. — Il n'est plus en colère.

VIOLAINE (*elle lui met la main sur la tête*). — Bonjour, Jacques !

JACQUES HURY, *sourdement*. — O ma fiancée à travers les branches en fleurs, salut !

VIOLAINE. — Père, dites-lui que je l'aime.

ANNE VERCORS. — Et lui aussi, il n'a jamais cessé de t'aimer.

Violaine. — Père, dites-lui que je l'aime !

Anne vercors. — Écoute-le qui ne dit rien.

Violaine. — Pierre de Craon...

Anne vercors. — Pierre de Craon ?

Violaine. — Pierre de Craon, dites-lui que je l'aime. Ce baiser que je lui ai donné, il faut qu'il en fasse une église.

Anne vercors. — Elle est commencée déjà.

Violaine. — Et Mara, elle m'aime ! Elle seule, c'est elle seule qui a cru en moi !

Anne vercors. — Jacques, écoute bien !

Violaine. — Cet enfant qu'elle m'a donné, cet enfant qui m'est né entre les bras ;

Ah grand Dieu, que c'était bon ! ah que c'était doux ! Mara ! Ah comme elle m'a bien obéi, ah comme elle a bien fait tout ce qu'elle avait à faire !

Père ! père ! ah que c'est doux, ah que cela est terrible de mettre une âme au monde !

Anne vercors. — Ce monde-ci, dis-tu, ou y en a-t-il un autre ?

Violaine. — Il y en a deux et je dis qu'il n'y en a qu'un, et que c'est assez, et que la miséricorde de Dieu est immense !

Jacques hury. — Le bonheur est fini pour moi.

Violaine. — Il est fini, qu'est-ce que ça fait ?

On ne t'a point promis le bonheur, travaille, c'est tout ce qu'on te demande.

Interroge la vieille terre et toujours elle te répondra avec le pain et le vin.

Pour moi, j'en ai fini et je passe outre.

Dis, qu'est-ce qu'un jour loin de moi ? Bientôt il sera passé.

Et alors quand ce sera ton tour et que tu verras la grande porte craquer et remuer,

C'est moi de l'autre côté qui suis après.

Jacques hury. — O ma fiancée à travers les branches en fleurs, salut !

Violaine. — Tu te souviens ?

Jacques ! bonjour, Jacques !

Ici entrent tous les serviteurs de la ferme, tenant des cierges qu'ils allument.

VIOLAINE. — Jacques, tu es là encore ?

JACQUES HURY. — Je suis là.

VIOLAINE. — Est-ce que l'année a été bonne et le blé bien beau ?

JACQUES HURY. — Tant qu'on ne sait plus où le mettre.

VIOLAINE. — Ah !
Que c'est beau une grande moisson !...
Oui, même maintenant je me souviens et je trouve que c'est beau !

JACQUES HURY. — Oui, Violaine.

VIOLAINE. — Que c'est beau de vivre ! (*avec une profonde ferveur*) et que la gloire de Dieu est immense !

JACQUES HURY. — Vis donc et reste avec nous.

VIOLAINE (*elle retombe sur sa couche*). — Mais que c'est bon aussi de mourir alors que c'est bien fini et que s'étend sur nous peu à peu
L'obscurcissement comme d'un ombrage très obscur.

P. Claudel, *L'annonce faite à Marie*, acte IV. (Bibl. de la Pléiade, N.R.F., 1956, t. II, pp. 212-214).

« Violaine, parce que vierge, restitue l'image de la mère ; elle participe donc à la fois au double aspect de l'épouse chrétienne. C'est l'enfant de l'homme qu'elle aima et qui lui fut destiné, qu'elle rappelle à la vie parce qu'elle est l'épouse du Christ. Ainsi la culture attend, pour être renouvelée, que le visage de la femme, "moitié" de la réalité, redevienne visible sous les traits de l'homme créateur ; et semblablement le monde attend pour son salut qu'une ressemblance mariale réapparaisse sur les traits de l'homme... » (Gertrud von Le Fort)

— Étudier au travers de ce texte les multiples visages de la jeune fille Violaine, fille, épouse et mère.

— *A lire* : P. Claudel, *La jeune fille Violaine* (Bibl. de la Pléiade, t. I).

[L'IDÉAL RÉVOLUTIONNAIRE : MÈRE ET MILITANTE]

La mère, pièce de l'auteur dramatique allemand Bertolt Brecht (1898-1956) d'après Gorki, a été créée à Berlin en janvier 1932, c'est-à-dire quelques mois avant la prise du pouvoir par les nazis.

Nous sommes en Russie, au temps des tsars. Pélagie Vlassova, malgré la misère où elle est réduite, reproche à son fils de fréquenter des ouvriers révolutionnaires. Elle accepte néanmoins de distribuer des tracts, et, après l'arrestation de son fils, fait de la propagande en faveur du communisme; elle apprend à lire, tente d'aider les militants ouvriers, secoue l'apathie des paysans opprimés. Un jour, on vient l'informer que son fils a été fusillé. La guerre de 1914 éclate. La mère, au milieu de la foule qui acclame le départ des troupes, crie : « A bas la guerre ! Vive la Révolution! » Des agents se jettent sur elle et lui donnent des coups de matraque. On la conduit chez un instituteur, frère d'un militant ouvrier, qui a préféré garder sa place plutôt que de « poursuivre des chimères ».

La mère apprend sur son lit de malade que le Parti est en danger. L'instituteur amène le médecin dans la chambre où la mère est couchée.

L'INSTITUTEUR, *au médecin.* — Depuis la mort de son fils, sa santé n'est pas bonne. Il y a un travail qu'elle n'avait jamais cessé de faire, et qu'elle ne fait plus. Je ne parle pas du ménage, mais d'un travail tout à fait particulier.

LE MÉDECIN. — Elle est complètement épuisée. Elle ne doit absolument pas se lever, sous aucun prétexte. Elle est tout de même déjà âgée.

Il sort. L'Instituteur va dans la cuisine et s'assied au chevet de Pélagie Vlassova.

PÉLAGIE VLASSOVA. — Qu'est-ce qu'il y a dans le journal ?

L'INSTITUTEUR. — C'est la guerre.

PÉLAGIE VLASSOVA. — La guerre ? Et qu'est-ce que nous faisons ?

L'INSTITUTEUR. — Le Tsar a proclamé l'état de siège. Seul de tous les partis socialistes, le parti bolchévik s'est prononcé contre la guerre. Nos cinq députés à la Douma ont été arrêtés et déportés en Sibérie pour haute trahison.

PÉLAGIE VLASSOVA. — C'est grave. Si le Tsar mobilise, nous devons mobiliser aussi les travailleurs. Il faut que je me lève.

L'INSTITUTEUR. — Vous ne devez absolument pas vous lever, sous aucun prétexte. Vous êtes malade. Et qu'est-ce que nous pouvons faire contre le Tsar et tous les potentats d'Europe ? Je descends acheter la dernière édition spéciale. Maintenant, ils vont anéantir le Parti.

Il sort.

PÉLAGIE VLASSOVA. — Non !

CHŒUR

chanté à Pélagie Vlassova par les ouvriers révolutionnaires

Lève-toi, le Parti est en danger !
Tu es malade, mais le Parti se meurt.
Tu es faible, mais tu dois nous aider !
Lève-toi, le Parti est en danger !

Tu as douté de nous,
Ne doute pas un instant de plus :
Nous sommes à bout.
Tu as récriminé contre le Parti,
Ne récrimine plus contre le Parti
On l'extermine.

Lève-toi, le Parti est en danger !
Lève-toi vite !
Tu es malade, mais nous avons besoin de toi.
Ne meurs pas, tu dois nous aider.
Ne reste pas à l'écart, nous allons au combat.
Lève-toi, le Parti est en danger, lève-toi !

Pendant le chœur, Pélagie Vlassova s'est levée avec peine, s'est habillée, a pris son sac et, chancelante, mais marchant de plus en plus vite, a traversé la pièce jusqu'à la porte.

(*Tableau suivant*)

(*La Mère fait de la propagande contre la guerre.*)

(*Tableau suivant*)

Une rue.

IVAN. — Quand nous sommes arrivés à la Perspective Lybine, nous étions déjà des milliers. Environ cinquante entreprises étaient en grève, et les grévistes s'étaient joints à nous pour manifester contre la guerre et le pouvoir tsariste.

VASSIL YEFIMOVITSCH. — Pendant l'hiver 1916-1917, dans les entreprises, deux cent cinquante mille hommes étaient en grève.

LA DOMESTIQUE. — Nous portions les pancartes, où était inscrit : « A bas la guerre ! Vive la Révolution ! » et les drapeaux rouges. Notre drapeau, c'est une femme de soixante ans qui le portait. Nous lui disions : « Le drapeau n'est-il pas trop lourd ? Donne-le nous ! » Mais elle répondait :

PÉLAGIE VLASSOVA. — Non. Quand je serai fatiguée, je te le donnerai, tu le porteras. Car moi, Pélagie Vlassova, veuve d'un travailleur et mère d'un travailleur, que de choses encore j'ai à faire ! Quand, il y a des années, je me tourmentais de voir que mon fils avait toujours faim, je n'ai fait d'abord que gémir. Cela n'a rien changé. Puis je l'ai aidé à combattre pour le kopek. Nous avons mené alors de petites grèves pour de meilleurs salaires. Maintenant, dans les fabriques de munitions, nous menons une grève géante, et nous luttons pour le pouvoir d'État.

LA DOMESTIQUE. — Beaucoup disent que ce que nous voulons ne se fera jamais. Nous devrions nous contenter de ce que nous avons. Le pouvoir de ceux qui règnent est assuré. Nous ne pourrions, une fois de plus, qu'être écrasés : Beaucoup d'ouvriers même disent cela ne se fera jamais !

PÉLAGIE VLASSOVA *récite :*

Celui qui vit encore ne doit pas dire : jamais !
Ce qui est assuré n'est pas sûr.
Les choses ne restent pas ce qu'elles sont.

Quand ceux qui règnent auront parlé,
Ceux sur qui ils régnaient parleront.
Qui donc ose dire : jamais ?
De qui dépend que l'oppression demeure ? De nous.
De qui dépend qu'elle soit brisée ? De nous.
Celui qui s'écroule abattu, qu'il se dresse !
Celui qui est perdu, qu'il lutte !
Celui qui a compris pourquoi il en est là, comment
[le retenir ?
Les vaincus d'aujourd'hui sont demain les
[vainqueurs.
Et jamais devient : aujourd'hui.

(*Fin de la pièce.*)

B. Brecht, *La mère*, texte français de Maurice Regnaut et André Steiger (Théâtre complet, L'Arche édit., 1959, t. III, pp. 202-211).

— En quoi vous paraît-il important que le porte-drapeau des révolutionnaires soit une femme, et plus particulièrement une mère ?
— Étudier, dans cette suite de tableaux, l'imbrication du récitatif et de l'action dramatique.
A lire : B. Brecht, *Mère courage* (L'Arche, édit., t. II.).

[L'IDÉAL SURRÉALISTE : LA FEMME-ENFANT]

Arcane 17, paru en 1945, n'appartient pas à la période surréaliste proprement dite. On y trouve cependant plusieurs des thèmes de jeunesse favoris d'André Breton (1896-1966), et un renouvellement qui mettra le mouvement surréaliste sur une nouvelle voie: celle du « Chemin de la Gnose ». Breton vient, au moment où il compose *Arcane* 17, de rencontrer celle qui sera bientôt sa femme.

La femme-enfant. C'est son avènement à tout l'empire sensible que systématiquement l'art doit préparer. Il doit l'avoir constamment en vue dans son triomphe, mettant en fuite les chauve-souris à l'écœurant vol syllogistique tandis que les vers luisants tissent sur son ordre le fil mystérieux qui seul peut mener au cœur du dédale. Cette créature existe et, si elle n'est plus investie de la pleine conscience de son pouvoir, il n'en est pas moins vrai que c'est elle qu'on voit de loin en loin faire une apparition à l'aiguillage, commander pour un temps bref aux rouages délicats du système nerveux. Et c'est Balkis aux yeux si longs que même de profil ils semblent regarder de face, et c'est Cléopâtre au matin d'Actium, et c'est la jeune sorcière de Michelet au regard de lande, et c'est Bettina [1] près d'une cascade parlant pour son frère et son fiancé, et c'est, plus oblique encore de par son impassibilité même, la fée au griffon de Gustave Moreau, et c'est toi. Quelles ressources de félinité, de rêverie à se soumettre la vie, de feu intérieur à aller au-devant des flammes, d'espièglerie au service du génie et, par-dessus tout, de calme étrange parcouru par la lueur du guet, ne sont pas contenues dans ces instants où la beauté, comme pour faire voir plus loin, soudain rend vaine, laisse mourir à elle la vaine agitation des hommes ! De quelle force exploratrice ces instants ne sont-ils pas chargés ! La figure de la femme-enfant dissipe autour d'elle les systèmes les mieux organisés parce que rien n'a pu faire qu'elle y soit assujettie ou comprise. Sa complexion désarme toutes les rigueurs, à commencer, je ne saurais trop le dire à elle-même, par celle des ans. Même ce qui la frappe l'affermit, l'assouplit, l'affine encore et pour tout dire l'accomplit comme le ciseau d'un sculpteur

---

1. Sœur de Clément Brentano et femme d'Achim d'Arnim, écrivains romantiques allemands. Elle a laissé une correspondance célèbre, en particulier des lettres échangées avec Goethe.

idéal, docile aux lois d'une harmonie préétablie et qui n'achève jamais parce que, sans faux pas possible, il est sur la route de la perfection et que cette route ne saurait avoir de fin. Et la mort corporelle même, la destruction physique de l'œuvre n'est, en l'occurrence, pas une fin. Le rayonnement subsiste, que dis-je, c'est toute la statue, plus belle encore si possible, qui, en s'éveillant à l'impérissable sans rien perdre de son apparence charnelle, fait sa substance d'un croisement sublime de rayons.

Qui rendra le sceptre sensible à la femme-enfant ? Qui déterminera le processus de ses réactions encore inconnu d'elle-même, de ses volontés sur lesquelles est si hâtivement jeté le voile du caprice ? Celui-là aura dû l'observer longtemps devant son miroir et, au préalable, il lui aura fallu rejeter tous les modes de raisonnement dont les hommes sont si pauvrement fiers, si misérablement dupes, faire table rase des principes sur lesquels s'est édifiée tout égoïstement la psychologie de l'homme, *qui n'est aucunement valable pour la femme*, afin d'instruire la psychologie de la femme en procès contre la première, à charge ultérieure de les concilier. Je choisis la femme-enfant non pour l'opposer à l'autre femme, mais parce qu'en elle et seulement en elle me semble résider à l'état de transparence absolue *l'autre* prisme de vision dont on refuse obstinément de tenir compte, parce qu'il obéit à des lois bien différentes dont le despotisme masculin doit empêcher à tout prix la divulgation.

A. Breton, *Arcane* 17 enté d'*Ajours* (Sagittaire, 1947, pp. 94-98).

« La perspective de Breton étant exclusivement poétique c'est exclusivement comme poésie donc comme *autre* que la femme y est envisagée. Dans la mesure où on s'interrogerait sur son destin à elle, la réponse serait impliquée dans l'idéal de l'amour réciproque : elle n'a d'autre vocation que l'amour ; ceci ne constitue aucune infériorité puisque la vocation de l'homme est aussi l'amour. Cependant on aimerait savoir si pour elle aussi l'amour est clé du monde, révélation de la beauté ; trouvera-t-elle cette beauté dans son amant ? ou dans sa propre image ? sera-t-elle capable de l'activité poétique qui réalise la poésie à travers un être sensible : ou se bornera-t-elle à approuver l'œuvre de son mâle ? Elle est la poésie en soi, dans l'immédiat, c'est-à-dire pour l'homme ; on ne nous dit pas si elle l'est aussi pour soi. Breton ne parle pas de la femme en tant qu'elle est sujet. » (Simone de Beauvoir).

A lire : A. Breton : *Nadja, Poisson soluble, L'amour fou.*

● **Caractères de la femme**

[« CETTE DÉCONCERTANTE RÉSISTANCE FÉMININE »]

De nombreux romans de Colette (1873-1954) ressemblent à des autobiographies. Aucun de ses personnages, toutefois, n'a autant de traits communs avec elle que Renée Néré, l'héroïne de *La vagabonde* (1910).

Femme de lettres, divorcée, Renée Néré a entrepris une carrière de danseuse et de mime. Par son aventure, elle témoigne de l'affranchissement de la femme, et plus particulièrement de la femme artiste.

L'isolement, oui. Je m'en effrayai, comme d'un remède qui peut tuer. Et puis je découvris que... je ne faisais que continuer à vivre seule. L'entraînement datait de loin, de mon enfance, et les premières années de mon mariage ne l'avaient qu'à peine interrompu : il avait repris, austère, dur à pleurer, dès les premières trahisons conjugales, et cela, c'est le plus banal de mon histoire... Combien de femmes ont connu cette retraite en soi, ce repliement patient qui succède aux larmes révoltées ? Je leur rends cette justice, en me flattant moi-même : il n'y a guère que dans la douleur qu'une femme soit capable de dépasser sa médiocrité. Sa résistance y est infinie ; on peut en user et abuser sans craindre qu'elle meure, moyennant que quelque puérile lâcheté physique ou quelque religieux espoir la détournent du suicide simpli-ficateur [1].

« Elle meurt de chagrin... Elle est morte de chagrin...» Hochez, en entendant ces clichés, une tête sceptique plus qu'apitoyée : une femme ne peut guère mourir de chagrin. C'est une bête si solide, si dure à tuer ! Vous croyez que le chagrin la ronge ? Point. Bien plus souvent elle y gagne, débile et malade qu'elle est née, des nerfs inusables, un inflexible orgueil, une faculté d'attendre, de dissimuler, qui la grandit, et le dédain de ceux qui sont heureux. Dans la souffrance et la dissimulation, elle s'exerce et s'assouplit, comme à une gymnastique quotidienne pleine de risques... Car elle frôle constamment la tentation la plus poi-gnante, la plus suave, la plus parée de tous les attraits : celle de se venger.

Il arrive que, trop faible, ou trop aimante, elle tue... Elle pourra offrir à l'étonnement du monde entier l'exemple de cette déconcertante résistance féminine. Elle lassera ses juges, les surmènera au cours des interminables audiences, les abandonnera recrus, comme une bête rouée promène des chiens novices... Soyez sûrs qu'une longue patience, que des chagrins jalousement cachés ont formé, affiné, durci cette femme dont on s'écrie :

— Elle est en acier !

Elle est « en femme », simplement, et cela suffit.

La solitude... la liberté... mon travail plaisant de mime et de danseuse... les muscles heureux et las, le souci nouveau, et qui délasse de l'autre, de gagner moi-même mon repas, ma robe, mon loyer... voilà quel fut, tout de suite, mon lot, mais aussi la défiance sauvage, le dégoût du milieu où j'avais vécu et souffert, une stupide peur de l'homme, des hommes et des femmes aussi... Un besoin maladif d'ignorer ce qui se passait autour de moi, de n'avoir auprès de moi que des

---

1. Colette rejoint ici la misogynie d'un des personnages d'*Adolphe* de Ben-jamin Constant : « Il n'y a pas une de ces femmes passionnées dont le monde est plein qui n'ait protesté qu'on la ferait mourir en l'abandonnant; il n'y en a pas une qui ne soit encore en vie et qui ne soit consolée. » (Chapitre VII.) En achevant son roman par la mort d'Ellénore, l'héroïne délaissée, Benjamin Constant dénonce implicitement la légèreté de tels propos.

êtres rudimentaires, qui ne penseraient presque pas...
Et cette bizarrerie encore, qui me vint très vite,
de ne me sentir isolée, défendue de mes semblables,
que sur la scène, — la barrière de feu me gardant contre
tous...

> Colette, *La vagabonde* (Albin Michel, 1910,
> rééd. de 1957, pp. 37-38).

[« LA FEMME EST ALTÉROCENTRISTE »]

Écartée par les préjugés de l'époque des études médicales, qui semblaient peu convenables pour une femme, Gina Lombroso écrivit à partir de 1898 plusieurs études historiques, économiques et sociales sur l'Italie. Elle épousa le célèbre historien Guglielmo Ferrero, dont elle eut une fille, puis reprit ses études de médecine, et fut reçue docteur à la Faculté de Turin. « La guerre étant survenue, elle s'adonna tout entière aux œuvres d'assistance et de propagande où elle reprit contact avec le milieu féminin dont ses études précédentes l'avaient un peu écartée. Elle eut l'occasion d'y faire maintes observations sur les qualités essentielles, les aptitudes, les aspirations de la femme et de réfléchir aux problèmes qu'elles soulèvent. » (F. Le Hénaff)

En dehors des différences physiques et fonctionnelles entre les deux sexes, qui sont connues de tous, il en est une toute morale, qui domine de très haut toutes les autres et dont toutes les autres dérivent. C'est que la femme est *altruiste*, ou plus exactement *altérocentriste*, en ce sens qu'*elle place le centre de son plaisir, de son ambition non en elle-même, mais en une autre personne qu'elle aime et de qui elle veut être aimée : mari, enfants, père, ami, etc.*
La femme, sensible comme elle l'est aux plaisirs et aux douleurs des autres êtres qui vivent auprès d'elle, n'est pas capable de jouer, de créer, de détruire indépendamment d'eux, de leur approbation, de leur désapprobation. La femme, insensible comme elle l'est aux plaisirs égoïstes du palais, de la vue, de l'ouïe, de l'intellect, ne peut jouir, ne peut créer, ne peut

agir que si elle a quelqu'un avec qui et pour qui jouir, avec qui et pour qui agir. La femme avide de vivre pour les autres, prête à se sacrifier pour les autres, débordante de reconnaissance pour les faveurs qu'elle reçoit des autres, souffre énormément si les autres ne lui sont pas reconnaissants, si les autres ne s'occupent pas d'elle, s'il n'y a pas quelqu'un qui vive pour elle, qui soit prêt à se sacrifier pour elle. Elle s'irrite, s'exalte ou se tourmente suivant que cela est, ou que cela n'est pas, ou qu'elle attend que cela soit. La flamme que la femme a reçue s'éteint si elle n'a pas quelqu'un à éclairer, quelqu'un qui l'entretienne.

Gina Lombroso, *L'âme de la femme* (trad. de l'italien par François Le Hénaff, Payot, édit. refondue et augmentée de 1937 ; Ier tirage : 1922 ; p. 22).

— Épouse dévouée, mère modèle : « Il semble, dit F. Le Hénaff dans la préface de l'édition citée, que la vie de l'auteur soit la meilleure preuve de l'idée maîtresse dont cette œuvre s'est inspirée, à savoir que, s'il existe entre l'homme et la femme des différences d'aptitudes et de qualités, ces différences ne sont pas le résultat de l'éducation spéciale que celle-ci reçoit, mais sont créées par la nature elle-même, et sont essentielles à l'harmonie de la société. »

Cette œuvre ressemble, pour certains, à un panégyrique de la femme ; pour d'autres, comme Simone de Beauvoir, elle est le fruit d'une démission : doit-on condamner la femme à un éternel dévouement, et ériger en principe naturel ce qui n'est peut-être qu'un état de fait issu d'une longue domination masculine ? (voir « Condamnée à être utile », p. 163).

[LE GÉNIE FÉMININ]

Alain (de son vrai nom Émile Chartier, 1868-1951) a laissé une œuvre philosophique considérable, et marqué de son influence près de deux générations de philosophes ; mais c'est surtout par ses *Propos* qu'il intéresse l'histoire de la littérature.

On demande quels travaux, quelles professions, quelles fonctions conviennent à la femme. Je veux seulement rappeler quelques remarques prises de la structure et de ce qu'on peut appeler les fonctions sauvages des deux sexes. Chasser, pêcher, défricher, dresser le cheval et le chien, labourer, bâtir, ce sont fonctions d'homme ; elles concernent la défense et la conquête. Au contraire, élever l'enfant, aménager l'intérieur selon la forme de l'enfant et de l'homme, ce sont fonctions de femme. Or, nos métiers de civilisés sont divisés de même, d'après cette idée que la femme sait mieux ce qui convient à l'être humain et l'homme mieux ce que le monde exige, le monde inhumain, qui n'a point d'égards. D'où l'on tire que l'esprit de l'homme est physicien et l'esprit de la femme moraliste.

[...] Il n'y a point de femmes manœuvres. Il y eut de remarquables reines ; mais avec cette nuance que les moyens de diplomatie et de persuasion conviennent mieux à la femme que les manœuvres de guerre. A elle la connaissance des hommes et des femmes, à l'homme le maniement de la nécessité extérieure, qu'il faut surmonter, et qu'on ne peut persuader. Remarquez que la guerre et la police prennent l'homme antagoniste absolument comme une chose, ou bien comme un redoutable animal, vue étrangère à l'esprit féminin. Ce n'est pas que la femme soit plus sensible à la pitié ; c'est bien mieux ; la femme recommence toujours le geste de façonner l'enfant, geste intime ou extérieur, mais qui, de toute façon, est bien au-dessus de la pitié.

Prenant donc pour guide ce geste arrondi, on peut même comprendre pourquoi la femme ne coud pas comme l'homme, ni, par conséquent, volontiers les mêmes étoffes, comme elle n'est pas également apte à vendre n'importe quoi. Par exemple, le style féminin dans le costume tend toujours à se régler sur le corps humain, au lieu que le style masculin considère plutôt la pesanteur, la pluie, le soleil. Mesurez encore, en chaque marché, la part de la persuasion et la part de la preuve ; vous trouverez aisément ce que la femme fait de bonne grâce et ce qu'elle fait contre son gré.

Le succès tient certainement pour beaucoup à ces causes physiologiques, qui sont de peu, mais qui agissent mille fois par jour. Nul n'aime voir un visage contraint.

> Alain, *Propos*, 19 août 1933 (Bibl. de la Pléiade, N.R.F., 1956, pp. 1168-1170).

[CONDAMNÉE A ÊTRE UTILE]

Révélée au grand public par *Les mandarins* (prix Goncourt 1954), Simone de Beauvoir est aussi un philosophe, un mémorialiste de talent et l'un des essayistes les plus importants de notre époque. On ne saurait en tout cas parler de la femme dans la société contemporaine sans se référer à son ouvrage intitulé *Le deuxième sexe* (2 vol., parus en 1949).

En exergue au premier tome de son ouvrage, Simone de Beauvoir cite une phrase de Poulain de La Barre : « Tout ce qui a été écrit par les hommes sur les femmes doit être suspect, car ils sont à la fois juge et partie. » Une femme écrivant sur les femmes n'est-elle pas à plus forte raison juge et partie ? Il n'importe, le ton passionné de Simone de Beauvoir a par lui-même valeur de témoignage. Sans ignorer les conséquences que peuvent avoir les différences anatomiques entre les deux sexes, Simone de Beauvoir insiste sur les conditions historiques et sociales qui ont pu donner aux femmes tel ou tel caractère.

Beaucoup des défauts qu'on leur reproche : médiocrité, petitesse, timidité, mesquinerie, paresse, frivolité, servilité, expriment simplement le fait que l'horizon leur est barré. La femme est, dit-on, sensuelle, elle se vautre dans l'immanence ; mais d'abord on l'y a enfermée. L'esclave emprisonnée dans le harem n'éprouve aucune passion morbide pour la confiture de roses, les bains parfumés : il faut bien qu'elle tue le temps : dans la mesure où la femme étouffe dans un morne gynécée — maison close ou foyer bourgeois — elle se réfugiera aussi dans le confort et le bien-être ; d'ailleurs, si elle poursuit avidement la volupté, c'est bien souvent parce qu'elle en est frustrée ; sexuellement inassouvie, vouée à l'âpreté mâle, « condamnée aux laideurs masculines », elle se console avec des sauces crémeuses, des vins capiteux, des velours, les caresses de l'eau, du soleil, d'une amie, d'un jeune amant. Si elle apparaît à l'homme comme un être tellement « physique », c'est que sa condition l'incite à attacher une extrême importance à son animalité. La chair ne crie pas plus fort chez elle que chez le mâle : mais elle en épie les moindres murmures et les amplifie ; la volupté, comme le déchirement de la souffrance, c'est le foudroyant triomphe de l'immédiat ; par la violence de l'instant, l'avenir et l'univers sont niés : en dehors de la flambée charnelle, ce qu'il y a n'est rien ; pendant cette brève apothéose, elle n'est plus mutilée ni frustrée. Mais encore une fois, elle n'accorde tant de prix à ces triomphes de l'immanence que parce que celle-ci est son seul lot. Sa frivolité a la même cause que son « matérialisme sordide » ; elle donne de l'importance aux petites choses faute d'avoir accès aux grandes : d'ailleurs les futilités qui remplissent ses journées sont souvent des plus sérieuses ; elle doit à sa toilette, à sa beauté, son charme et ses chances. Elle se montre souvent paresseuse, indolente ; mais les occupations qui se proposent à elles sont aussi vaines que le pur écoulement du temps ; si elle est bavarde, écrivassière, c'est pour tromper son oisiveté : elle substitue aux actes impossibles des mots. Le fait est que lorsqu'une femme est engagée dans une entreprise digne d'un être humain, elle sait se montrer aussi active, efficace, silencieuse, aussi ascétique qu'un homme. On l'accuse d'être servile ; elle est toujours prête, dit-on, à se coucher aux pieds de son maître et à baiser la main qui l'a frappée, il est vrai qu'elle manque généralement d'un véritable orgueil ; les conseils que les « courriers du cœur » dispensent aux épouses trompées, aux amantes délaissées sont inspirés par un esprit d'abjecte soumission ; la femme s'épuise en scènes arrogantes et finit par ramasser les miettes que le mâle veut bien lui jeter. Mais que peut faire sans appui masculin une femme pour qui l'homme est à la fois le seul moyen et la seule raison de vivre ? Elle est bien obligée d'encaisser toutes les humiliations ; l'esclave ne saurait avoir le sens de « la dignité humaine » ; c'est assez pour lui qu'il tire son épingle du jeu. Enfin si elle est « terre à terre »,« pot au feu », bassement utilitaire, c'est qu'on lui impose de consacrer son existence à préparer des aliments et nettoyer des déjections : ce n'est pas de là qu'elle peut tirer le sens de la grandeur. Elle doit assurer la monotone répétition de la vie dans sa contingence et sa facticité : il est naturel qu'elle-même répète, recommence, sans jamais inventer, que le temps lui paraisse tourner en rond sans conduire nulle part ; elle s'occupe sans jamais rien *faire* : elle s'aliène donc dans ce qu'elle *a* ; cette dépendance à l'égard des choses, conséquence de celle où la tiennent les hommes, explique sa prudente économie, son avarice. Sa vie n'est pas dirigée vers des fins : elle s'absorbe à produire ou entretenir des choses qui ne sont jamais que des moyens : nourriture, vêtements, habitat ; ce sont là des intermédiaires inessentiels entre la vie animale et la libre existence ; la seule valeur qui s'attache au moyen inessentiel, c'est l'utilité ; c'est au niveau de l'utile que vit la ménagère et elle ne se flatte elle-même que d'être utile à ses proches.

Simone de Beauvoir, *Le deuxième sexe* (Gallimard, 1949, t. II, pp. 429-430).

— Dans le texte précédent (Le génie féminin), Alain parlait des « fonctions » de la femme comme d'une donnée naturelle; dans ce texte, Simone de Beauvoir met l'accent sur ce qui, dans les fonctions de la femme, est « acquis », dû au comportement de l'homme, à des traditions ou à des préjugés. Vous comparerez l'argumentation des deux auteurs et essaierez de formuler votre propre opinion sur cette question.

— Vous vous demanderez quelles réalités recouvrent les verbes « faire » et « avoir », opposés dans ce texte par Simone de Beauvoir et soulignés par elle, et dans quelle mesure cette opposition éclaire la position défendue ici par l'auteur.

— *A lire :* Simone de Beauvoir, *Mémoires d'une jeune fille rangée*, *Tout compte fait*.

● Poésie de la femme

ÈVE PREMIÈRE MORTELLE

Charles Péguy (1873-1914) est souvent connu par sa *Jeanne d'Arc*, en qui il chanta aussi bien la sainte que l'héroïne nationale. Mais il importe que ce poète chrétien se soit fait aussi le chantre d'Ève, première mortelle, mère de tous les hommes, en qui toute une tradition, vivace depuis le moyen âge, voyait surtout la pécheresse.

Et moi je vous salue ô première mortelle.
Vous avez tant baisé les fronts silencieux,
Et la lèvre et la barbe et les dents et les yeux
De vos fils descendus dans cette citadelle.

Vous en avez tant mis dans le chêne et l'érable,
Et la pierre et la terre et les marbres plus beaux.
Vous en avez tant mis sur le seuil des tombeaux.
Vous voici la dernière et la plus misérable.

Vous en avez tant mis dans de pauvres linceuls,
Couchés sur vos genoux comme aux jours de l'enfance.
On vous en a tant pris qui marchaient nus et seuls
Pour votre sauvegarde et pour votre défense.

Vous en avez tant mis dans d'augustes linceuls,
Pliés sur vos genoux comme des nourrissons.
On vous en a tant pris de ces grêles garçons
Qui marchaient à la mort téméraires et seuls.

Vous en avez tant mis dans ces lourdes entraves,
Les seules qui jamais ne seront déliées,
De ces pauvres enfants qui marchaient nus et graves
Vers d'éternelles morts aussitôt oubliées.

Vous en avez tant mis dans ce lourd appareil,
Le seul qui de jamais ne sera résolu,
De ce jeune troupeau qui s'avançait pareil
A des agneaux chargés d'un courage absolu.

Vous en avez tant mis dans le secret des tombes,
Le seul qui jamais plus ne sera dévoilé,
Le seul qui de jamais ne sera révélé,
De ces enfants tombés comme des hécatombes

Offerts à quelque dieu qui n'est pas le vrai Dieu,
Frappés sur quelque autel qui n'est pas holocauste,
Perdus dans la bataille ou dans quelque avant-poste
Tombés dans quelque lieu qui n'est pas le vrai Lieu.

Vous en avez tant mis au fond des catacombes,
De ces enfants péris pour sauver quelque honneur.
Vous en avez tant mis dans le secret des tombes,
De ces enfants sombrés aux portes du bonheur.

Vous en avez tant mis dans les plis d'un long deuil,
D'entre ceux qui marchaient taciturnes et braves.
On vous en a tant pris jusque sur votre seuil,
D'entre ceux qui marchaient invincibles et graves.

Vous en avez tant mis le long des nécropoles,
Vous en avez tant pris sur vos sacrés genoux,
De ces fils qui venaient le long des métropoles,
Et marchaient et tombaient et qui mouraient pour
[vous.

(Charles Péguy, *Ève*, N.R.F.)

[POÉMES D'AMOUR]

Le recueil de Maurice Fombeure, *Une forêt de charme*,
poèmes d'amour dédiés à sa femme, offre le mérite de ne
pas chanter la femme comme un simple besoin ou une
simple vision de l'homme : dans le couple, la femme vit
par l'homme, autant que l'homme vit par et dans sa
compagne.

MA FEMME

Le long de la guerre des jours
Dans le tumulte de mes veilles
Ton fantôme vient jusqu'à moi

La femme

Tremblante image du désir
Chargée d'amour et de tristesse,
Ombre chère du temps perdu

Entends-tu, dis, très grande amie
Mes silencieuses clameurs,
Les grands cris de mon amour muet
Cependant qu'au loin endormie
Dans le halo de ta tiédeur
Tu rêves ma pareille absence
Et souffres seule dans ton corps

Mais nous nous retrouvons si bien
Par-delà les nuits et l'espace
Que je ne redoute plus rien,
Que je défie le temps qui passe
Que je te baise, je t'enlace
Et pour toujours tu m'appartiens

Au fond de nos nuits éternelles,
Je te protège, sentinelle,
Soldat des Dieux armé d'amour
Fracassé de ses claires ailes,
Dur et tendre comme un tambour

Béthelainville, 29 novembre 1939.
(Maurice Fombeure, *Une forêt de charme*, N.R.F)

LA FEMME ET SON REGRET

Ceux à qui je me suis donnée :
Mari, frère, amant, camarade
A qui j'appartins corps et âme
Ils ne font qu'un et ils sont Toi.

Ton souvenir est une flamme
Qui brûle en moi, la nuit, le jour.
Et je saigne de ton absence
Dans un silence de velours.

J'attends sur les ruines d'un monde...
Tu me tendras enfin les bras
Et dans cette ombre sans seconde
Chaque étoile refleurira!

Pamiers, 23 mai 1940.

(Maurice Fombeure, *Une forêt de charme*, N.R.F.)

LE MÉDAILLON DE CHRISTIANE

Paul Gilson (né à Paris en 1904), poète et metteur en scène, a reçu le prix Apollinaire en 1951. L'influence de Guillaume Apollinaire sur son œuvre est en effet sensible, par exemple dans ce poème, extrait du recueil *Au rendez-vous des solitaires*.

Am stram gram
Pic et pic et Christiane

Dimanche en France et tarte aux fraises
Fougère des bois chiffre treize
Bonheur du jour au lendemain
Reine de cœur sur la main

Mousse au ruisseau qui frémit d'aise
Chant d'innocent sur la falaise
Charme vacances des chagrins
Fleur qui rêve au bout du sein

Je t'aime au diable à Dieu ne plaise
Ton églantier fait feu de braises
C'est le printemps pour mon jardin
Marraine du dernier lutin

P. Gilson, *Poèmes* (Seghers, 1950, p. 71).

DÉDICACE

René Char (né en 1907), après avoir appartenu au groupe surréaliste, s'est libéré de ses anciennes attaches, et imposé comme le poète le plus important de l'après-guerre; l'un des plus difficiles aussi. Cette « dédicace » de la *Lettera amorosa* donne une idée de ce « raccourci fascinateur » qu'il recherchait comme l'essence même de la poésie.

Marilyn Monroe
**La star :
triomphe
ou asservissement
de la femme?**

Temps en sous-œuvre, années d'affliction... Droit naturel ! Ils donneront malgré eux une nouvelle fois l'existence à l'Ouvrage de tous les temps admiré.

Je te chéris. Tôt dépourvu serait l'ambitieux qui resterait incroyant en la femme, tel le frelon aux prises avec son habileté de moins en moins spacieuse. Je te chéris cependant que dérive la lourde pinasse de la mort.

« Ce fut, monde béni, tel mois d'Éros altéré, qu'elle illumina le bâti de mon être, la conque de son ventre : je les mêlai à jamais. Et ce fut à telle seconde de mon appréhension qu'elle changea le sentier flou et aberrant de mon destin en un chemin de parélie pour la félicité furtive de la terre des amants. »

Ainsi, es-tu, en secret et à la vue de tous, l'araire de mon adoration.

R. Char, *Lettera amorosa* (Gallimard, Coll. Espoir, 1953, pp. 9-10).

● **Aspects de la femme dans le monde moderne**

[LA « STAR »]

La « star » (l'« étoile », la vedette de cinéma...) peut être aussi bien un homme qu'une femme. Toutefois, de même que dans l'Antiquité l'amour se trouvait déifié en Vénus, non en Mars ou en Apollon, c'est la femme qui aujourd'hui encore est chargée de toute notre mythologie amoureuse. La distinguant de la « vamp » (notion disparue, parce qu'elle ne répondait plus aux exigences « réalistes » de notre époque), de la « pin-up » (modèle dégradé de la star, chez qui les impératifs commerciaux réduisent le mythe à néant) et de la « starlett » (intermédiaire entre la pin-up et la star), Edgar Morin, sociologue contemporain, analyse ici le phénomène sociologique que représente la star.

La beauté et la jeunesse de la star magnifient ses rôles d'amoureuse et d'héroïne. L'amour et l'héroïsme magnifient en retour la star jeune et belle. Au cinéma elle incarne une vie privée. En privé, elle se doit d'incarner une vie de cinéma. A travers tous ses rôles de film, la star joue son propre rôle. A travers son propre rôle, elle joue ses rôles de films.

Qu'est-ce qu'un film, sinon un « roman », c'est-à-dire une histoire privée destinée au public ? La vie privée d'une star se doit d'être publique. Les magazines, les interviews, les fêtes, les confessions (*Film de ma vie*) contraignent la star à afficher sa personne, ses gestes, ses goûts. Les vedettes n'ont plus de secret : « L'une explique comment elle se purge, une autre révèle la joie secrète qu'elle éprouve à épucer son griffon de la Havane. » Potins, indiscrétions, photos transforment le lecteur de magazine en voyeur, comme au cinéma. Le lecteur-voyeur persécute la star, dans tous les sens du terme. Ingrid Bergman, Rita Hayworth fuient les photographes mais sont toujours rattrapées. Les télé-objectifs se dissimulent derrière les troènes du parc et saisissent le moment où Grace Kelly porte à ses lèvres la main de Jean-Pierre Aumont.

La star ne peut se dérober. Qu'elle proteste et les échos fielleux se glissent dans les magazines, et les « fans » s'indignent. Elle est prisonnière de la gloire.

Au stade hollywoodien, le *star system* comporte l'organisation systématique de la vie privée-publique des stars [...]. Les contrats contraignent l'ingénue à une vie chaste, du moins en apparence, en compagnie de sa mère. La *glamour-girl*[1], par contre, doit se montrer dans les night-clubs au bras de cavaliers choisis par les producteurs. Les imprésarios fixent d'intimes rendez-vous romanesques, baignés de clair de lune et de flashes photographiques.

La star appartient toute à son public. Glorieuse servitude dont s'apitoie ce même public qui l'exige. Comme les rois, comme les dieux, la star appartient d'autant plus à ses admirateurs qu'ils lui appartiennent.

E. Morin, *Les stars* (Seuil, « Le Temps qui court », 1957, pp. 56-57).

---

1. Actrice qui vaut par son charme, son pouvoir de séduction auprès du public.

— L'actrice vue par Zola (voir page 128); la star, vue par E. Morin : à plus d'un semi-siècle d'intervalle, deux formes voisines de « l'aliénation » de la femme. Vous comparerez la perspective des deux auteurs, et l'évolution des moyens mis en œuvre, du XIXe siècle à nos jours, pour « exploiter » auprès du public le prestige de la « vedette ».

— La dépendance de la star vis-à-vis du public et des producteurs : vous étudierez les moyens employés par l'auteur pour l'exprimer (méthode d'argumentation, art de la formule, choix du vocabulaire).

[LA « FEMME-AFFICHE »]

Creezy, c'est la « femme-affiche », celle que l'on voit partout, qui nous invite à partir en croisière en Afrique ou à acheter telle marque de lames de rasoir; chacun connaît son visage, mais personne ne connaît son nom. Le narrateur du roman de Félicien Marceau (prix Goncourt 1969) la rencontre un jour, au théâtre, pendant l'entracte.

Au troisième rang, j'ai vu un visage, un visage que je reconnaissais mais sans me rappeler où j'avais pu le voir. Colette et Betty étaient à un pas. J'ai pris Colette par le coude.

— Là, au troisième rang, exactement en face de nous, cette fille en lamé argent.

La main sur mon bras, Colette a regardé. Puis elle a eu son roucoulement.

— Ça ? C'est Creezy.

Puis :

— Creezy, tu sais bien. Des affiches. On ne voit plus qu'elle.

J'ai encore regardé et, d'une seconde à l'autre, la salle, le public, les loges, les guirlandes d'ampoules le long des balcons, c'était comme si tout avait disparu. C'était comme une photographie où, sous l'action de je ne sais quel acide, tout se serait estompé pour ne plus laisser que ce visage, ce seul visage, entouré d'une buée, d'un flou. Je la regardais. Elle me regardait. Ou plutôt elle regardait droit vers moi,

La " femme-affiche ".

droit vers ce rideau qui me cachait, ce regard qui ne me voyait pas mais livré à moi, plus livré que si elle m'avait vu, ce regard où il n'y avait même plus cette défense qu'il y a lorsqu'on regarde quelqu'un. Et ce visage avançait vers moi, il grandissait, il grossissait comme sur toutes ces affiches où, en effet, cent fois, je l'avais vu, Creezy devant une machine à laver, Creezy en bikini orange, faisant du ski nautique, bondissant sur la crête des vagues, visitez les Bahamas, Creezy en robe du soir à côté d'un briquet en or aussi grand qu'elle, Creezy radieuse sur fond relaxe, visitez les Comores, Creezy sur les palissades, Creezy dans le ciel, Creezy de six mètres de haut, Creezy en bermudas banane. Puis le régisseur s'est avancé en faisant mine de frapper dans ses mains et il nous a dit qu'il était temps de regagner nos places. Nous sommes rentrés dans la salle. Les lumières étaient déjà éteintes. Une seconde, j'ai encore entrevu, de loin, le profil de Creezy. Puis nous avons rejoint Colette et j'ai oublié Creezy. Ou je croyais l'avoir oubliée. Je ne savais pas encore que ce visage était resté en moi, que ce profil insolent était déjà sculpté à l'intérieur de ma face. Parfois, pour un instant, le visage revenait. Un jour, arrêté à un feu rouge, j'ai levé les yeux. L'affiche a sauté sur moi, une affiche géante, Creezy sur la crête des vagues, sous un ciel blanc traversé d'oriflammes.

F. Marceau, *Creezy* (Gallimard, 1969, pp. 18-20).

[UNE FEMME VAUT-ELLE UN HOMME?]

Pendant les premières années de la Seconde Guerre mondiale, Han Suyin (romancière d'origine chinoise et de langue anglaise) exerce la profession de sage-femme dans le Setchouan, province de la Chine centrale. Cette expérience lui permet de découvrir « la merveille et le mystère » de la naissance, mais aussi de mesurer la force et l'étendue des traditions dans une province qui vit encore sous un régime féodal. Jusque dans la prétendue « classe supérieure éduquée », il est admis comme « un principe immuable de la nature » que la femme est un être inférieur. Confucius l'a lui-même établi : « Au-dessus est le ciel, dessous la terre, et entre les deux est l'homme, avec la femme qui doit obéir à l'homme ». Accoucher d'une fille est pour une femme un véritable malheur, et ce texte témoigne que, tout comme chez les Spartiates de l'Antiquité, leur préjugé conduisait couramment les mères à l'infanticide.

Tandis que les douleurs allaient et venaient. miss Hsu [1], son stéthoscope appliqué sur le ventre de sa patiente demanda : « Qu'est-il arrivé à la quatrième ? »

Nous recommençâmes plusieurs fois, en reprenant au début la liste des infanticides, et chaque fois la mère oubliait une de ses filles : la quatrième. A mesure que ses douleurs se faisaient plus fortes (et le travail n'était pas aisé car sa chair était épuisée ; les muscles de son ventre s'étaient écartés, de sorte qu'on pouvait presque voir sa matrice sous la peau, et nous nous préparions à une hémorragie, accident courant après tant de grossesses). La femme se mit à sangloter et nous raconta la mort du quatrième bébé. Elle avait eu tellement peur après cette naissance, en voyant que c'était encore une fille, qu'elle l'avait poussée elle-même dans la grande jarre des toilettes où la nouveau-née avait été asphyxiée.

Et nous espérions toutes, nous espérions. Toutes les sages-femmes connaissaient maintenant l'histoire de cette femme, les autres patientes aussi, certaines assises sur le lit poussaient avec la femme qui poussait sur la table d'opération, leur âme tournée vers elle dans l'attente du miracle, espérant, attendant ce fils qui allait vraiment consacrer l'hôpital comme endroit miraculeux. Mais il ne se produisit pas de miracle : le dixième enfant était encore une fille.

— Quelle belle petite sœur, regardez-la, dit miss Hsu à la femme qui gisait, muette, ses yeux fixant sur le plafond leur regard glacé. « Regardez-la. Elle est si jolie. »

_____

1. Doctoresse de la maternité.

« C'est une fille, encore une fille. » Peut-être n'avait-elle pas donné assez d'argent ; elle déroula la ceinture qui lui entourait le corps et qu'elle avait remontée sous les seins pour libérer son ventre au moment du travail. Et elle tendit un billet de vingt dollars en disant : « C'est tout ce que j'ai, prenez tout, pour un garçon.

— Mais une fille vaut un garçon », lui dit miss Hsu ; et pendant les jours suivants, nous lui répétâmes toutes combien il était merveilleux d'être une femme, et qu'une femme désormais pouvait faire tant de choses, même devenir docteur, ou sage-femme, et comme son bébé était joli. Au bout de cinq jours la femme retourna chez elle, et elle voulait nous laisser le bébé mais cela était impossible. Miss Hsu plaça le bébé, étroitement emmailloté dans ses langes, selon la mode approuvée au Setchouan, dans les bras de sa mère et dit : « Prenez bien soin d'elle, elle vous portera bonheur ». Puis elle l'accompagna jusqu'à la porte, tout en s'efforçant de la persuader, tandis que le domestique de l'hôpital allait lui chercher un pousse-pousse. Beaucoup de tireurs de rickshaw [1], ou pousseurs de brouette, refusaient d'emporter une nouvelle accouchée d'une semaine ou dix jours. Ils ne prenaient une mère que si son bébé avait un mois révolu, trente jours, quand on considérait que l'Esprit mauvais l'avait complètement quittée. Il arrivait souvent que miss Hsu fît appeler un coolie [2] par le domestique et que le coolie ramassât ses brancards et s'en allât en voyant que la femme qu'on voulait lui faire transporter avait dans les bras un bébé de huit jours. Alors miss Hsu se mettait en colère et criait : « Et d'où sortez-vous ? N'êtes-vous pas né d'une femme ? N'avez-vous pas de mère ? » dans le dos de l'homme en fuite. Mais, dans la rue du Petit Bambou Céleste, il y avait des pousse-pousse qui avaient l'habitude de véhiculer des femmes enceintes ou de nouvelles accouchées et le refus des autres les faisait rire. Donc, on trouva un

---

1. Mot anglais pour « pousse-pousse ». Malgré ce que son nom pourrait faire croire, le pousse-pousse n'est pas poussé, mais tiré.
2. En Asie, homme de peine ou portefaix.

coolie de pousse-pousse pour la femme, un homme souriant et complaisant qui tenta, lui aussi, de la persuader de garder son bébé, et qui lui dit : « Les temps ont changé, maintenant une fille vaut un garçon, regardez toutes ces dames-docteurs ! » Dans la suite, le portier nous raconta que pendant tout le retour, la femme raconta son histoire et sa terreur d'apporter à son mari une nouvelle fille ; elle disait que, chemin faisant, elle trouverait un fossé commode où elle jetterait le bébé ; mais nous ne sûmes jamais si elle l'avait fait ou non, car ni le portier, ni le coolie du pousse-pousse ne voulut nous le dire. Et certaines des sages-femmes pensaient que nous aurions dû garder le bébé ; on aurait bien trouvé quelqu'un pour l'adopter.

Le flot monte de toutes ces vies, l'une après l'autre, vies de femme, vies d'innombrables femmes, la moitié de l'humanité, si longtemps opprimées, trop longtemps exploitées, condition inhumaine ayant encore cours aujourd'hui dans bien des régions du monde, même parmi les nations avancées, où les formes de domination sont moins ouvertement cruelles, mais d'où elles n'ont pas disparu ; où, maintenant encore, être une femme signifie ne pas être un citoyen à part entière, pas une personne complète ; conditions que j'ai trouvées en Irlande, dix ans plus tard quand j'exerçai la gynécologie à Dublin et dans ses environs ; et l'attitude devant les merveilles de la grossesse et de l'accouchement, l'ensemble des rapports sexuels, la signification de la femme, sordide et tragique esclavage, l'identité de la femme est une honte au lieu d'un honneur.

Tant de vies, chacune la vie d'une femme, d'une mère, de tant de mères à travers les siècles ; j'avais parfois l'impression que ma peau éclatait, se détachait de moi sous le choc de l'injustice, sous le fardeau de ce mal accompli collectivement, façonné dans la moelle même de la société, de l'époque, dont les pompeux préceptes de Confucius chantent les louanges sous le nom de Destinée, par Décret Divin.

Han Suyin, *Un été sans oiseaux* (traduit de l'anglais par Marcelle Sibon, Stock, 1968, pp. 186-188).

[MORT DE LA MÉNAGÈRE]

Au texte précédent, de Han Suyin, on comparera avec profit ces lignes de Maria-Antonietta Macciocchi. Elle a visité la Chine de Mao au lendemain de la « révolution culturelle ». Tous les préjugés relatifs aux femmes n'ont pas disparu; les femmes elles-mêmes ne prennent pas encore conscience de leurs capacités (« les femmes représentent la moitié du ciel, a dit Mao, mais il leur reste à la conquérir »). Il faut cependant avoir présente à l'esprit l'ancienne Chine, rongée par la prostitution, pour apprécier le chemin parcouru. Ces femmes ouvrières et militantes que M.-A. Macciocchi a rencontrées dans les usines de Canton ou de Pékin sont souvent bien éloignées de l'idéal féminin tel que nous le concevons en Occident; elles paraissent toutefois plus heureuses que lorsqu'elles étaient condamnées à l'ignorance et vouées à la reproduction, voire présentées comme des objets de plaisir dans les innombrables maisons closes que comptait alors la Chine.

La révolution de la famille chinoise commence par transformer le rôle de la ménagère, par en faire celui d'une femme insérée dans le processus productif, et par déraciner la conception de la famille conçue comme un tout égoïste. Lu, notre interprète, voit sa famille deux fois l'an : sa femme est à Canton, lui à Pékin. Ils ont deux enfants, de dix et quatre ans. En général, de telles séparations ne se produisent que parmi les cadres — elles ne concernent pas la campagne —, l'État ayant besoin de cadres qu'il puisse envoyer rapidement là où les nécessités l'exigent. Les familles séparées ont deux mois de vacances par an au lieu d'un, fractionnés en plusieurs périodes, explique Lu, qui affirme d'autre part ne pas souffrir de cette situation, les exigences de la collectivité l'emportant sur celles de la famille. C'est là cependant l'exception et non la règle. Tchao, par exemple, vit avec sa femme à Pékin. Le caractère sacré de la famille, en tant que cellule séparée de la collectivité, n'existe plus en Chine.

Avec la révolution culturelle, le prolétariat a fait irruption dans l'idéologie, portant également la révolution dans la conception même de la famille, et dépassant une fois pour toutes cette condition qui faisait dire à Engels que la femme est doublement prolétaire : par rapport à la société et par rapport à l'homme.

Le quartier de Peng Pu, qui s'est formé en 1958, compte cent trente immeubles où résident 15 000 personnes, réparties en 3 500 familles d'ouvriers qui travaillent dans une usine métallurgique et une usine de générateurs électriques. Dans 2 630 de ces familles, le père et la mère travaillent. Les autres « ménagères » sont justement les femmes que la révolution culturelle a orientées vers de nouvelles tâches en vue d'organiser la vie du quartier et de les insérer dans des activités productives.

C'est dimanche, et ce quartier de Changaï a un air de fête, avec les enfants qui jouent le long des allées. Depuis 1959, le quartier a mis sur pied tout un réseau de services : il dispose de deux magasins de légumes, deux de céréales, d'un bazar, d'un magasin de tissus, d'une droguerie, d'un restaurant et d'un grand marché. On y trouve également deux écoles primaires fréquentées par 4 000 écoliers, et un lycée qui compte plus de 2 000 élèves. Il est enfin doté d'un hôpital où exercent 43 médecins qui s'occupent surtout de médecine préventive et du contrôle des naissances.

La description du quartier nous est faite par une fille rieuse, sympathique et bien plantée, dont on nous dit qu'elle « a eu l'honneur d'être déléguée au IXe congrès du P.C.C. [1] » :

— Les ménagères du quartier ont aujourd'hui une conscience plus élevée, dit-elle. Ces femmes ne songeaient qu'aux enfants, à avoir des fourneaux à gaz, de beaux paniers de bambou et des pantalons de laine : elles s'intéressent maintenant aux grandes affaires de l'État, 280 ménagères sont organisées pour s'occuper de la crèche, où sont gardés 500 enfants. Les usines aussi ont des crèches, mais les ouvrières, quand elles

---

1. Parti communiste chinois.

n'allaitent plus leurs enfants, préfèrent les confier à la crèche du quartier, l'usine payant la cotisation, soit 2,50 yuans par mois (moins de 6 F). Nous avons constitué, selon les directives de Mao, plusieurs « groupes de production des ménagères ». 586 femmes de moins de quarante ans travaillent ainsi dans les ateliers du quartier : elles fabriquent des appareils de radio, confectionnent des chaussures ; nous avons également des femmes qui construisent un bâtiment de 400 mètres carrés : elles se sont procuré les briques soit en allant les récupérer, soit en les fabriquant elles-mêmes dans un four installé à peu de frais.

Maria-Antonietta Macciocchi, *De la Chine* (traduit de l'italien par L. Bonalumi, G. Hug, M. Pouteau et G. Taïeb, édit. du Seuil, 1971, pp. 421-422).

[LA PRESSE FÉMININE ET SES TABOUS]

L'étude sur la presse féminine dont nous citons un extrait date de 1963. Peut-être certaines choses ont-elles évolué depuis, en particulier les tabous sexuels. Pour l'essentiel, il nous paraît cependant que l'analyse d'Évelyne Sullerot demeure vraie, notamment en ce qui concerne l'angoisse que peut ressentir la femme devant le décalage qui existe entre les modèles esthétiques ou sociaux qu'on lui propose, et l'apparence et le mode de vie auxquels elle se trouve le plus souvent condamnée.

La presse féminine doit choisir devant le dilemme de toute société anxieuse : doit-on « en » parler ou n'« en » pas parler ? Ce « en », c'est ce qui perturbe l'ordre établi, ce qui empêche les femmes de s'adapter harmonieusement à une éthique et à un mode de vie proposés.

Dans un secteur fort large de la presse féminine dite « familiale », généralement sous influence catholique, les tabous sont d'ordre sexuel. On n'a jamais écrit le mot « amant » dans *L'Écho de la Mode*, où, au début de ce siècle, on se refusait à imprimer le nom d'Alphonse Daudet parce qu'il avait écrit *Sapho*. On n'a jamais écrit le mot « divorce » dans *Bonnes Soirées*, non plus que le mot « désir ».

Dans les journaux plus libérés des conventions religieuses, ces tabous sexuels sont très progressivement levés. C'est affaire de talent, et Françoise Giroud a pu parler de la frigidité dans *Elle* dès 1948, et Marcelle Auclair du tabou le plus sacro-saint : l'existence, chez la femme aussi, du désir physique et des problèmes qu'il pose.

Mais ces journaux ont d'autres tabous : la vieillesse des femmes n'y est jamais représentée ni évoquée, alors que des centaines de milliers de femmes âgées les lisent, et des centaines de milliers d'autres luttant contre l'âge mûr qui va les faire sortir de ce théâtre féminin dont cette presse est le reflet amélioré et qui exclut, comme soi-disant anxiogène, toute représentation de la laideur et de la vieillesse.

Que la tension de cette lutte perpétuelle pour rester belle, sourire, faire son ménage en 3 heures 46 minutes, élever ses enfants sans énervement, être chic, bonne cuisinière, secrétaire accomplie, voir les spectacles dont on parle, — être en somme une « jeune femme moderne type » — ait fini par créer de l'angoisse (le « complexe de *Elle* », comme l'appelait une jeune femme), ce n'est pas improbable. S'ajoutant au climat général actuel, cette angoisse, longtemps ignorée comme une disgrâce, a pris de telles proportions que les rédactions ne peuvent plus l'ignorer. L'angoisse est donc apprivoisée, dévoilée, mise à toutes les sauces. Un nouveau problème surgit alors : parler de l'angoisse la guérit-il ou la nourrit-il ?

E. Sullerot, *La presse féminine* (coll. Kiosque, A. Colin, 1963, pp. 268-269).

● Permanence du mythe de la femme

[LA FEMME-OBJET]

Certains moralistes peuvent bien s'en prendre au mythe de la femme : le romancier, lui, n'a pas à juger; il se contente de refléter les mythes de son époque. C'est en tout cas l'opinion d'Alain Robbe-Grillet (né en 1922), qui, à propos de son roman *Projet pour une révolution à New York*, confiait au journal *Le Monde* (30 octobre 1970) : « Tant de femmes enchaînées, tant de sang répandu, dans mes films ou livres, sont les éléments d'un discours, et c'est le discours qui m'intéresse, bien plus que ces éléments. Croyez-vous, d'ailleurs, que ces fantasmes soient mon exclusive propriété? Ils s'étalent sur les murs de nos villes et dans tous les magazines. La femme-objet est un des mythes de notre monde. Si je veux parler de ce monde, puisque ce monde est mythologique, il faut bien que ses mythes soient les éléments de mon discours. » Ce passage se situe tout au début de *Projet pour une révolution à New York*.

Je suis en train de refermer la porte derrière moi, lourde porte de bois plein percée d'une petite fenêtre rectangulaire, étroite, tout en hauteur, dont la vitre est protégée par une grille de fonte au dessin compliqué (imitant le fer forgé de façon grossière) qui la masque presque entièrement. Les spirales entremêlées, encore épaissies par des couches successives de peinture noire, sont si rapprochées, et il y a si peu de lumière de l'autre côté de la porte, qu'on ne distingue rien de ce qui peut, ou non, se trouver à l'intérieur.

La surface du bois, tout autour, est recouverte d'un vernis brunâtre où des petites lignes plus claires, qui sont l'image peinte en faux-semblant de veines théoriques appartenant à une autre essence, jugée plus décorative, constituent des réseaux parallèles ou à peine divergents de courbes sinueuses contournant des nodosités plus sombres, aux formes rondes ou ovales et quelquefois même triangulaires, ensemble de signes changeants dans lesquels j'ai depuis longtemps repéré des figures humaines : une jeune femme allongée sur le côté gauche et se présentant de face, nue de toute évidence puisque l'on distingue nettement le bout des seins et la toison foncée du sexe ; ses jambes sont légèrement fléchies, surtout la gauche dont le genou pointe vers l'avant, au niveau du sol ; le pied droit se trouve ainsi croisé par-dessus l'autre, les chevilles sont réunies, liées ensemble selon de fortes présomptions, de même que les poignets ramenés dans le dos comme d'habitude, semble-t-il, car les deux bras disparaissent derrière le buste : le gauche au-dessous de l'épaule et le droit juste après le coude.

Le visage, rejeté en arrière, baigne dans les flots ondulés d'une abondante chevelure de teinte très sombre, répandue en désordre sur le dallage. Les traits eux-mêmes sont peu visibles, tant à cause de la position où repose la tête que d'une large mèche de cheveux qui barre en biais le front, la ligne des yeux, une joue ; le seul détail indiscutable est la bouche généreusement ouverte, dans un long cri de souffrance ou de terreur. De la partie gauche du cadre, descend un cône de lumière vive et crue, venant d'une lampe-projecteur à tige articulée dont le pied est fixé au coin d'un bureau de métal ; le faisceau a été dirigé de façon précise, comme pour un interrogatoire, sur le corps aux courbes harmonieuses et à la chair couleur d'ambre qui gît sur le sol.

Pourtant, il ne peut guère s'agir d'un interrogatoire ; la bouche, en effet, qui conserve trop longtemps la même position grande ouverte, doit plutôt se trouver distendue par une sorte de bâillon : quelque pièce de lingerie noire fourrée de force entre les lèvres. Et d'ailleurs les cris de la fille, si elle était en train de hurler, traverseraient au moins partiellement l'épaisse vitre du judas rectangulaire à grille de fonte.

Mais voilà qu'un homme aux cheveux argentés, vêtu de la longue blouse blanche à col montant des chirurgiens, entre dans le champ par la droite, en premier plan ; il est vu de trois quarts arrière, si bien que l'on devine à peine sa figure, en profil perdu. Il se dirige vers la jeune femme entravée qu'il contemple un instant d'en haut, masquant une partie des jambes par son propre corps. La prisonnière est sans doute inanimée, car elle n'a pas le moindre tressaillement à l'approche de l'homme ; du reste, à mieux observer la forme du bâillon et sa disposition juste sous le nez, on s'aperçoit que c'est en réalité un tampon imbibé d'éther, qui s'est révélé nécessaire pour venir à bout de la résistance dont témoigne le bouleversement de la coiffure défaite.

> A. Robbe-Grillet, *Projet pour une révolution à New York* (Éditions de Minuit, 1970, pp. 7-9).

— « On ne distingue rien de ce qui peut se trouver à l'intérieur », et pourtant, l'image (le fantasme ?) née du dessin formé par les veines du bois de la porte engendre non seulement une figure de femme, mais une véritable scène où se trouvent impliquées plusieurs obsessions liées au mythe de la femme : érotisme et sadisme en particulier. Voir ce que dit Jean Alter : « Rien d'étonnant que la plupart des protagonistes de Robbe-Grillet (ici le narrateur) soient des obsédés. Leur idée fixe balaye toutes les considérations pratiques ou rationnelles, s'installe au centre de la vie et, de là, domine les projets, les gestes involontaires, l'activité mentale, le tonus affectif [...]. Si on ne s'en tient qu'aux personnages principaux, bien qu'on trouve chez les autres de nombreux obsédés, la diversité de leurs idées fixes tend à se polariser en deux directions majeures : érotisme et création. »

— Étudier le passage de la forme suggérée par les lignes du bois (« formes rondes ou ovales et quelquefois même triangulaires ») à la « réalité » de la scène évoquée ensuite.

— Relever ce qui rattache la figure et la scène décrites par le narrateur à des mythes qui dépassent la singularité de *cette* figure et de *cette* scène (par exemple : « les poignets ramenés dans le dos *comme d'habitude* »).

● L'éternel féminin

[« L'ÉNORME POUVOIR RÉFRINGENT DE LA FEMME »]

Lawrence Durrell (romancier anglais né en 1912) a obtenu la consécration littéraire grâce au *Quatuor d'Alexandrie*, série de quatre romans dont *Clea* est le dernier.

Après une longue séparation, le narrateur retrouve Justine, principale figure féminine des trois premiers romans. « Un écho de son ancienne beauté » a encore vibré en elle, mais son parfum, écrit L. Durrell, « me donnait presque la nausée ». Pouvoir mystérieux de la femme; une phrase prononcée par Justine éclaire le sens de notre passage : « Tu vois une Justine bien différente » s'écrie-t-elle. « Mais une fois de plus la différence est en toi, en ce que tu imagines voir ! »

Je n'avais fait que témoigner, dans tout ce que j'avais écrit, de la puissance d'une image que j'avais involontairement créée *par le seul fait de voir Justine*. Ce n'était pas une affaire de vérité ou d'erreur. Nymphe ? Déesse ? Vampire ? Oui, elle était tout cela, et ni l'un ni l'autre. Comme toutes les femmes, elle était tout ce que l'esprit d'un homme (définissons ici l'« homme » : un poète perpétuellement acharné à sa propre perte) — souhaitait imaginer. Elle était là pour toujours, et elle n'avait jamais existé ! Sous tous ces masques il n'y avait qu'une autre femme, toutes les femmes, comme un mannequin dans la boutique d'une couturière, attendant que le poète l'habille, lui insuffle la vie. Comprenant tout cela pour la première fois je réalisai avec terreur l'énorme pouvoir réfringent de la femme — la féconde passivité avec laquelle, de même que la lune, elle emprunte sa lumière au soleil mâle. Je ne pouvais éprouver qu'une immense reconnaissance pour une vérité aussi essentielle. Quelle importance avaient les mensonges, les tromperies, les folies, au regard de cette vérité ?

Cependant, tandis que ce nouveau savoir forçait une fois de plus mon admiration pour elle — en tant que symbole de la femme, pour ainsi dire — je ne savais comment m'expliquer le nouvel élément qui s'y était glissé ; un parfum de dégoût pour sa personnalité et ses attributs. Ce parfum ! Sa richesse écœurante me donnait presque envie de vomir. Le contact de cette sombre tête contre mon genou soulevait en moi une vague de répulsion. J'étais presque tenté de l'embrasser une fois encore afin d'explorer plus avant la nouveauté inexplicable et insolite de ce sentiment ! Se pouvait-il que des bribes d'information, des *faits* semblables au sable qui s'écoule dans le sablier de l'esprit, aient irrémédiablement modifié les qualités de l'image — changeant un objet jadis désirable en quelque chose qui maintenant me soulevait le cœur ?

L. Durrell, *Clea* (traduit de l'anglais par Roger Giroux, Buchet-Chastel, 1960, pp. 71-72).

— Selon Simone de Beauvoir, la « conception poétique » (celle de Breton aussi bien que de Dante ou de Pétrarque) présente la femme « sous la figure de l'Autre, Tout excepté soi-même ». Vous vous demanderez en quoi, dans cette page, L. Durrell encourt le même « reproche » que les poètes évoqués par Simone de Beauvoir.

— Quel est, dans le texte, le sens des expressions : « pouvoir réfringent de la femme » (dans le texte original : « reflexive power of woman ») et « symbole de la femme » ?

[MYSTÈRE DE LA FEMME ÉTERNELLE]

Pour Gertrud von Le Fort (mieux connue en France par ses *Dialogues des Carmélites* adaptés au théâtre par Bernanos), la « *Femme dans le Temps,* » c'est d'une part la Vierge, et d'autre part l'Épouse; la « *Femme hors du Temps,* » c'est la Mère : « Sous la figure de la Vierge, la femme se dresse isolée en face du Temps; sous celle de l'Épouse, elle partage le temps avec l'homme qui l'assiste; sous la figure de la Mère, elle dépasse le Temps. » Mais ce sont là trois types qui se croisent dans la vocation de la « *Femme éternelle* », Vierge, Épouse et Mère; Vierge-

Mère, Épouse de l'Esprit-Saint et Marie, mère de Jésus.
« Plus une femme est sainte, plus elle est femme » :
G. von Le Fort, ainsi que le souligne H.-Ch. Desroches
dans son introduction à *La femme éternelle* (Éditions du
Cerf), a repris à son compte le mot de Léon Bloy, et par
tout son livre, elle lui fournit un commentaire éblouissant.
« Il s'en dégage une philosophie, et presque une théologie
du féminisme. Son objectif est net : non pas réintégrer
la femme dans le monde masculin, mais réhabiliter le
monde féminin en tant que tel, comme sphère complémen-
taire de l'être, car « Dieu a irrévocablement, comme l'une
des moitiés de l'être, posé la féminité. »

Le thème de la féminité résonne à travers la création
tout entière. Pareil aux harmonies d'un prélude en
mineur, il vibre en sourdine au-dessus de la glèbe
féconde. Il vibre au-dessus de la fiancée et de l'épouse
aimante. Il vibre de très haut au-dessus des mères
humaines. Chacune reçoit de son enfant la lumière
qui l'éclaire. Ce thème se laisse reconnaître jusque
dans la sensualité des amants prodigues d'eux-mêmes.
Il vibre au-dessus des dons des plus humbles, les plus
fugitifs, au-dessus des marques de bonté les plus
petites, les plus puériles ; il vibre même sur leur
simple évocation. Des sphères de la nature il monte
vers celles de l'esprit et du surnaturel : partout où
la femme est le plus profondément elle-même, elle
n'est plus elle-même, mais elle est offerte ; partout
où elle est offerte, elle est aussi épouse et mère. [...]
En tout don de soi, luit un rayon du mystère de
la Femme Éternelle. Mais quand la femme se recherche
elle-même, ce rayon s'éteint. En soulignant ses traits
personnels la femme détruit sa figure éternelle. La
recherche de soi est à la racine du péché de la femme,
à la racine du péché d'Ève. Pour prendre la nature
exacte de ce péché, il ne suffit pas d'opposer les sens
à l'esprit. La chute de la femme, ce n'est pas la
créature qui s'abaisse jusqu'au monde, c'est la créature
qui se retranche du monde, puisque l'essence du monde
créé, comme l'essence de la femme, sont la même humble
disponibilité. La chute, au récit de la Genèse, ne procède

point de la tentation du fruit délicieux, elle ne procède pas davantage de la tentation de la connaissance ; elle procède expressément du *Eritis sicut dii* [1], l'antithèse du *Fiat* [2] de la Vierge. Le vrai péché originel s'accomplit donc dans l'ordre religieux, et par conséquent il signifie au premier chef la chute de la femme : non parce qu'Ève a pris la pomme la première, mais parce qu'elle l'a prise en tant que femme. Autrement dit, la créature a péché dans sa substance féminine, puisqu'elle a péché dans l'ordre religieux. Voilà pourquoi la Bible désigne Ève, et non Adam, comme le plus coupable.

Il est donc absolument faux de dire qu'Ève a succombé parce qu'elle était la plus faible ; le récit de la tentation dans la Genèse montre clairement qu'elle fut plus forte que l'homme, qu'elle lui fut supérieure. Considéré sous l'angle du monde, l'homme détient sans doute l'appareil extérieur de la force ; la femme en commande les ressorts les plus profonds.

Gertrud von Le Fort, *La femme éternelle* (traduit de l'allemand par André Boccon-Gibod, Éditions du Cerf, 1948 ; introd. de H.-Ch. Desroches, O.P. ; pp. 13-16).

— « On a dit que la vocation terrestre de la femme ne nuit en rien à son autonomie surnaturelle; mais, inversement, en lui reconnaissant celle-ci, le catholique se pense autorisé à maintenir en ce monde les prérogatives mâles. Vénérant la femme *en Dieu*, on la traitera en ce monde comme une servante : et même, plus on exigera d'elle une soumission entière, plus sûrement on l'acheminera sur la voie de son salut. Se dévouer aux enfants, au mari, au foyer, au domaine, à la Patrie, à l'Église, c'est son lot, le lot que la bourgeoisie lui a toujours assigné ; l'homme donne son activité, la femme sa personne; sanctifier cette hiérarchie au nom de la volonté divine, ce n'est en rien la modifier, mais au contraire prétendre la figer dans l'éternel. » (Simone de Beauvoir.) Vous

---

1. « Vous serez comme des dieux », paroles du serpent à Ève dans le paradis terrestre (Genèse, ch. III, vers. 5).
2. « Qu'il soit fait, qu'il en soit ainsi. »

> réfléchirez au sens différent que peut prendre l'expression
> « femme éternelle » suivant que l'on adopte une perspective
> chrétienne ou marxiste.
> — L'incarnation de la femme éternelle : voir (p. 149)
> Violaine, dans *L'annonce faite à Marie*, de P. Claudel.

[RÉFLEXIONS SUR L'ÉTERNEL FÉMININ]

Dans *Les chênes qu'on abat...*, André Malraux (né en 1901) transcrit les dernières paroles qu'il a échangées avec le général de Gaulle. L'Éternel féminin, notion chrétienne, même si, l'Art rejetant le sacré, c'est le visage de Monna Lisa qui le perpétue à travers les siècles.

(GÉNÉRAL DE GAULLE) — Pourquoi la beauté féminine est-elle toujours, dans une certaine mesure, un masque ? Les statues grecques, les tableaux italiens, le cinema...

(MALRAUX) — Le maquillage... Celles que j'ai eu l'honneur de recevoir avec vous, Marlène, Ludmila Tcherina, Brigitte Bardot n'arrivaient pas à l'Élysée en bigoudis. Les artistes inventent le rêve, les femmes l'incarnent. Mais le christianisme seul a inventé l'Éternel féminin.

— Pourquoi ? Malgré Gœthe, je crois que vous avez raison. Je sens les choses ainsi. Mais je n'y ai pas réfléchi.

— Au problème lui-même, moi non plus, mon général. Mais j'ai tenté de comprendre comment la Vénus de Milo a pu devenir une Vierge gothique. Un premier événement m'a fait rêver. Lorsque l'Église pense que son destin dépend de Clovis, qui est arien, elle lui cherche une femme catholique. Loin, puisque Clotilde est une petite princesse suisse. L'Église ne cherche pas la plus belle, elle trouve la plus charmante. Les grandes hétaïres avaient été belles, brillantes, voire éclatantes, elles n'avaient pas été charmantes. Cette féminité qui semble se définir par la douceur... Beaucoup plus tard, le culte

Solario, *la Vierge au coussin vert.*
**" Il n'y a d'éternel féminin que dans le
monde chrétien" (Malraux).**

marial domine la chrétienté : presque toutes les cathédrales s'appellent Notre-Dame. Vous connaissez
la théorie : les suzerains partis aux Croisades, les
chevaliers — adoubés à treize ans — qui, jusque-là,
ne connaissaient que leur mère, leurs sœurs, ou les
paysannes avec qui ils couchaient, découvrent, avec la
suzeraine qui désormais préside la table, une vraie
femme de vingt-cinq ou trente ans, qui les tourne-
boule... Il y aurait beaucoup à dire ! Il reste qu'il n'y a
d'Éternel féminin que dans le monde chrétien. Mais
son expression est inséparable du domaine religieux.
Agnès Sorel dévoile son sein célèbre dans un portrait
de Vierge. Le moment saisissant de la peinture, c'est
celui où le peintre découvre l'Éternel féminin *contre*
la Vierge.

— D'où, la gloire de *La Joconde* ?

— C'est le seul tableau auquel s'assimilent les fous,
même masculins, le seul sur lequel on tire. S'il n'était
pas protégé par le verre à l'épreuve des balles qui
le rend verdâtre, il serait troué depuis longtemps.

A. Malraux, *Les chênes qu'on abat...* (Gallimard,
1971, pp. 121-124).

● **Querelles autour du féminisme**

LA POLITIQUE DU MÂLE

La politique du mâle est le titre d'une thèse de doctorat
présentée par Kate Millett, qui appuie sur des considérations
historiques et philosophiques les principales revendications
des nombreux mouvements pour la libération de la femme
qui fleurissent depuis quelques années aux États-Unis.

L'image de la femme telle que nous la connaissons
est une image créée par l'homme et façonnée de
manière à satisfaire ses besoins. Ceux-ci ont pour
origine la peur, provoquée par le fait que la femme
est « autre ». Toutefois, cette notion elle-même pré-

suppose que le patriarcat est déjà établi et que le mâle se considère déjà comme la norme, le sujet par rapport auquel la femelle est « autre » ou étrangère. Quelle que soit sa source, l'antipathie sexuelle masculine a pour fonction de fournir un moyen de contrôle sur un groupe subordonné, ainsi qu'une rationalisation justifiant la situation inférieure de la catégorie la plus basse, « expliquant » l'oppression à laquelle elle est soumise.

[...] Presque tous les patriarcats ont des tabous interdisant aux femmes de toucher les objets rituels (de la guerre ou de la religion) et la nourriture. Dans les sociétés pré-alphabétisées, les femmes ne sont généralement pas autorisées à manger avec les hommes. Elles prennent encore leurs repas de leur côté dans un grand nombre de cultures, surtout celles du Proche et de l'Extrême-Orient. Cette coutume semble en partie inspirée par une crainte de la contamination, probablement d'origine sexuelle. Puisqu'elles jouent le rôle de domestiques, les femmes sont forcées de préparer la nourriture, mais elles risquent en même temps de répandre leur contagion par son intermédiaire. La situation est la même pour les Noirs aux États-Unis. On les juge sales et contagieux, mais, en tant que domestiques, ils sont obligés de préparer les aliments pour leurs supérieurs aux goûts délicats. Dans les deux cas, le dilemme est généralement résolu d'une façon tristement illogique : l'acte de manger est soumis à la ségrégation, alors même que la cuisine est faite, au vu de tous, par le groupe dont la présence infecterait la table. Avec une admirable suite dans les idées, certains mâles hindous interdisent à leurs femmes tout contact avec les aliments. Dans presque toutes les sociétés patriarcales, on s'attend à ce que le mâle dominant mange le premier ou mange mieux et, même quand les deux sexes prennent leurs repas côte à côte, à ce que le mâle soit servi le premier.

Tous les patriarcats ont enfermé la virginité et la défloration dans un cercle de rites complexes et d'interdits. Chez les primitifs, la virginité pose un intéressant problème d'ambivalence. C'est d'une part, comme dans tout patriarcat, un bien mystérieux parce qu'il montre que la marchandise a été reçue intacte. C'est aussi, d'autre part, un mal inconnu, associé au mana [1] du sang et terriblement « autre ». La défloration est un événement si lourd de présages que, dans plusieurs tribus, l'époux-propriétaire confie volontiers le soin de rompre le sceau de sa nouvelle acquisition à une personnalité plus forte ou plus âgée, capable de neutraliser les dangers qui s'attachent à l'opération. Les craintes suscitées par la défloration semblent avoir pour origine la peur de la sexualité féminine qui est autre. Bien que, s'il y a souffrance physique à cette occasion, elle soit réservée à la femme (et la plupart des sociétés l'obligent effectivement à souffrir, dans son corps et dans son esprit), l'intérêt social, institutionalisé dans le rite patriarcal et la coutume, est exclusivement du côté du mâle qui protège ses biens, son prestige ou (chez les primitifs) se défend contre le danger.

Typiquement, le mythe patriarcal postule un âge d'or qui aurait existé avant l'arrivée des femmes ; en même temps, ses pratiques sociales permettent à l'homme de se libérer de leur compagnie. La ségrégation sexuelle est si répandue qu'on la rencontre partout. Dans les patriarcats contemporains, presque tous les groupes puissants sont composés d'hommes. Mais ceux-ci forment aussi d'autres groupes qui leur sont réservés à tous les niveaux. En règle générale, les groupes de femmes ont un caractère auxiliaire, imitent les objectifs et les méthodes des hommes, s'occupent de choses peu importantes ou éphémères. Il est rare qu'ils fonctionnent sans recourir à l'autorité masculine : les groupes religieux font appel à l'autorité supérieure d'un membre du clergé, les groupes politiques à celles de législateurs mâles, etc.

Kate Millett, *La politique du mâle* (traduit de l'américain par Elisabeth Gille, Stock 1971, pp. 61-63).

---

1. Puissance surnaturelle impersonnelle.

[FAUT-IL RENVERSER L'ŒUVRE DE DIEU ?]

A *La politique du mâle*, de Kate Millett, Norman Mailer a répondu sans tarder par un pamphlet : *Prisonnier du sexe*. Les différences entre les deux sexes ne s'expliquent pas seulement, selon lui, par l'appétit de domination des hommes.

Chaque fois qu'auparavant on avait envisagé la lutte des classes on avait au moins supposé que les êtres humains avaient été conçus de façon satisfaisante, fonctionnelle, sans préjugé et qu'ils n'avaient pas particulièrement besoin d'être modifiés. On supposait que si la classe ouvrière s'emparait des fonctions de la classe dirigeante, elle pourrait continuer à agir avec les organes conventionnels des hommes. Mais la logique de la révolution sexuelle exigeait pour les femmes l'égalité absolue avec le corps masculin : comment cette égalité pourrait-elle exister si les femmes en concurrence avec l'autre sexe pour le rôle d'artiste, de patron, de bureaucrate, de chirurgien, de mécanicien, de politicien ou d'amant magistral étaient obligées de crier pouce de temps en temps pour des mois de grossesse plus des années où il leur fallait malaisément s'accommoder entre leur carrière et leur enfant, ou bien choisir de n'avoir pas d'enfant, et se trouver obsédée par le risque d'une attitude biologiquement nuisible, pire encore, par la possibilité de faire un mal innommable à cet espace intérieur de création que leur corps enfermerait ?

[...] C'était comme si le Grand *Geist*[1] des Jacobins était revenu pour déclarer : « Cela n'a jamais été suffisant de trancher la tête des aristocrates. Le moment est venu maintenant d'avoir le premier Aristocrate de tous. Comme Il a conçu les femmes avec un handicap, il faut renverser son œuvre ! »

Norman Mailer, *Prisonnier du sexe* (traduit de l'américain par Jean Rosenthal, Robert Laffont, 1971, pp. 64-65).

---

1. En allemand : Esprit.

[LA RÉVOLUTION FÉMININE]

Il nous paraît réconfortant de clore ce recueil (et les querelles qui le nourrissent) par un texte d'une femme, libérée des tabous, revendicative, qui a su séduire les hommes au lieu de les heurter. Dans *La femme eunuque*, Germaine Greer apporte la preuve qu'on peut sans complexe, non point en partant en guerre contre les hommes mais à leurs côtés, lutter pour un affranchissement de la femme qui ne soit pas sa masculinisation. Un passage de Rilke, cité par elle, résume assez bien son propos : « La renaissance de la société viendra peut-être de ce que, libérés de toute aversion et de toute mythologie, l'homme et la jeune fille se rechercheront non pas comme des créatures opposées par le sexe, mais comme un frère et une sœur, des voisins, et se rencontreront en tant qu'êtres humains. »

(Nous avons conservé les citations en encarts qui se trouvent dans le texte de Germaine Greer).

Remplacer la compulsion par le principe du plaisir demeure le principal moyen de libération des femmes. Faire la cuisine, s'habiller, se maquiller, nettoyer, ces occupations sont devenues des contraintes dans lesquelles l'anxiété a depuis longtemps remplacé le plaisir de l'entreprise réussie. Pourtant, ces activités pourraient être des divertissements. L'essence du plaisir est la spontanéité. Cela signifie qu'il faut rejeter les normes et lui substituer un principe d'autorégulation. Je prendrai l'analogie de la drogue. Les femmes absorbent des médicaments par compulsion, pour atténuer leur tension nerveuse, leurs douleurs, leur anxiété, et il en résulte inévitablement un syndrome de dépendance ; il devient bientôt impossible de déterminer si le médicament cause le symptôme pour lequel il avait été pris : on est enfermé dans un cercle vicieux. La personne qui utilise la marijuana n'a pas besoin de le faire. Elle l'utilise en vue d'obtenir un certain état d'âme et s'arrête lorsqu'elle l'a atteint. Elle n'est pas tentée de justifier cette pratique au nom d'une thérapeutique, bien que la réglementation

**Manifestation du Mouvement pour la
libération des femmes à Londres : les
symboles de l'oppression.**

de l'usage du chanvre indien risque de lui donner cette apparence. De la même façon, il devrait être possible de préparer un repas parce qu'on a envie de le faire et que tout le monde a envie de le manger, de le servir quand on en a envie au lieu de le faire dans le cadre d'un programme hebdomadaire ou de s'imposer comme une croix un menu varié de plats nouveaux et difficiles à réaliser. Malheureusement, la routine est si fortement enracinée dans ce pays que ces délits domestiques, le bingo et la bière, deviennent une manie dont les ménagères ne peuvent plus se passer. On admet que la routine des tâches domestiques tient du cercle vicieux, que le travail engendre plus de travail et cela continue indéfiniment. Pour briser un tel engrenage, il faut entreprendre quelque chose de radicalement différent. Des périodes régulières de liberté sont inefficaces parce qu'elles demeurent partie intégrante du système. La plupart des compromis ne feront qu'atténuer temporairement la tension nerveuse. Pour la même raison il ne sert à rien d'incorporer au cercle vicieux un travail librement choisi parce que le stimulant et l'énergie sont constamment viciés. Il n'y a pas d'autre solution que de rompre le cercle vicieux.

Mes arguments, monsieur, sont ceux d'un esprit désintéressé. Je plaide pour mon sexe et non pour moi-même. J'ai toujours considéré l'indépendance comme le premier des biens et le fondement de toute vertu. Cette indépendance je la garantirai en réduisant mes besoins, dussé-je vivre sur une lande désertique.

MARY WOLLSTONECRAFT
A Vindication of the Rights of Women
1792, p. IV.

Aux yeux de certains, cette rupture emportera aussi le centre du cercle et réduira le monde à l'état de chaos. La liberté nous fait peur, mais cette peur fait partie du système et contribue au maintien du *statu quo.* Si les femmes refusent la polarité du masculin et du féminin, il faudra qu'elles acceptent l'existence du risque et la possibilité de l'erreur. Renoncer à l'esclavage c'est aussi renoncer à la chimère qu'est la sécurité. Le monde ne changera pas du jour au lendemain et la libération ne se produira pas si les femmes n'acceptent individuellement de passer aux yeux des tenants de l'ordre établi pour des réprouvées, des excentriques, des perverties. Il y a eu dans le passé des femmes qui ont montré beaucoup plus d'audace que nous n'avons à le faire aujourd'hui, qui ont tout risqué et peu gagné, mais qui ont survécu. Les femmes qui vitupèrent contre leur condition sont tournées en dérision par la presse et méprisées par les autres, qui gagnent beaucoup d'argent tout en demeurant féminines. Mais du moins, ne sont-elles plus brûlées. Il ne faut pas s'attendre que les femmes résolues à se libérer deviennent du jour au lendemain équilibrées, heureuses, créatives et prêtes à la coopération. Mais en général, les symptômes les plus effrayants de la dépersonnalisation disparaissent. Les besoins et les angoisses artificiellement engendrés persistent, mais du moins sont-ils reconnus pour ce qu'ils sont et supportés lucidement. La situation n'apparaîtra dans toute sa complexité qu'une fois qu'elle sera contestée. Les femmes seront peut-être effrayées par la rapidité avec laquelle la police oublie les scrupules qui lui interdisent de frapper des femmes, et par la violence des injures dont on les accable, mais de telles découvertes ne peuvent que renforcer leur détermination. La clef de la stratégie de libération consiste à mettre la situation en évidence et la plus simple façon de le faire est d'opposer aux pontifes et aux experts l'impudence du langage et des actes en usant du prétendu « illogisme féminin » pour révéler au grand jour la suffisance, l'absurdité et l'injustice des hommes. L'arme de la femme a toujours été traditionnellement sa langue, et la principale tactique révolutionnaire, la diffusion des informations. Aujourd'hui comme autrefois, il faut que les femmes refusent d'être soumises et de recourir à la ruse car on ne peut servir la vérité par la dissimulation. Les femmes qui s'imaginent qu'elles manœuvrent le monde par la rouerie et la cajolerie sont des imbéciles. Ce sont des tactiques d'esclaves.

Il est difficile, au stade actuel, d'esquisser un nouveau régime sexuel. Nous ne vivons qu'une fois et il importe avant tout de trouver le moyen de sauver cette vie des incapacités que notre civilisation lui a déjà infligées. Ce n'est que par l'expérimentation que l'on peut ouvrir de nouvelles perspectives et découvrir la voie d'une évolution dont le *statu quo* est la donnée actuelle. La révolution féminine est nécessairement situationnelle. Nous ne pouvons pas prétendre que tout sera résolu lorsque les socialistes auront réussi à abolir la propriété privée et à instaurer la propriété collective des moyens de production. Nous ne pouvons pas attendre aussi longtemps. La libération des femmes, si elle abolit la famille patriarcale, abolira une substructure nécessaire à l'État autoritaire et une fois qu'il aura disparu, les théories de Marx seront réalisées. Donc, agissons. Que les hommes distribuent des tracts dans les usines où le prolétariat est devenu l'esclave des achats à crédit au lieu de devenir communiste. L'existence de cet esclavage repose lui aussi sur la fonction de consommateur de la femme au foyer. Les statistiques montrent que la plupart des achats à crédit sont réalisés par des gens mariés. Si les femmes se révoltent, cette situation changera. Les femmes représentent la classe la plus opprimée de travailleurs liés par un contrat à vie sans rémunération. Il n'est pas excessif de les qualifier d'esclaves. Elles représentent le seul véritable prolétariat qui reste, mais elles sont la majorité de la population. Pourquoi ne se révolteraient-elles pas? En pratique, leur oppression fait obstacle à leur association en un groupe cohérent, capable de tenir tête à ses maîtres. Mais l'homme a commis une erreur: en réponse à une agitation vaguement réformiste et humanitaire, il a admis les femmes dans la politique et les professions libérales. Les conservateurs qui y ont vu une atteinte portée à notre civilisation et la fin de l'État et du mariage avaient finalement raison. Il est temps que la démolition commence. Point n'est besoin de provoquer une épreuve de force. Il suffit que nous refusions de coopérer à l'édification du système qui nous opprime. Nous pouvons aussi faire de l'agitation çà et là, manifester contre les bars interdits aux femmes ou les concours de beauté, siéger dans des comités, envahir les moyens de communication de masse, bref, faire ce qu'il nous plaît. Avant tout nous devons non seulement refuser de faire certaines choses mais refuser d'avoir envie de les faire.

L'expérience coûte trop cher. Nous ne pouvons pas toutes nous marier afin de savoir à quoi nous en tenir. Nos sœurs plus âgées doivent nous enseigner ce qu'elles ont découvert. Nous devons constamment partager l'expérience acquise, et nous garder de porter des jugements hâtifs, entachés de snobisme ou influencés par des critères masculins. Il nous faut lutter contre la tendance à constituer une élite féminine ou une hiérarchie de type masculin dans nos propres structures politiques et défendre la coopération et le principe matriarcal de fraternité. Il n'est pas nécessaire que les féministes prouvent que le matriarcat est une forme préhistorique de collectivité ou que le patriarcat est une perversion capitaliste pour justifier notre politique, parce que la forme de vie que nous envisageons peut aussi bien être entièrement nouvelle que très ancienne. Nous n'avons pas à nous appuyer sur une anthropologie douteuse pour nous expliquer, bien que les femmes qui ont du goût pour l'érudition puissent utilement faire des recherches sur le rôle historique des femmes afin de préciser nos concepts sur ce qui est naturel et possible dans le domaine féminin. Aujourd'hui, un nombre croissant de femmes sont disposées à écouter. Il est temps qu'elles commencent aussi à s'exprimer, fût-ce avec hésitation et incertitude, et que le monde les écoute.

La *joie de la lutte* demeure le meilleur critère de la justesse de la voie suivie. La révolution est la fête des opprimés. Il est possible que pendant longtemps la femme n'en tire d'autre profit que celui d'avoir retrouvé sa dignité et une raison de vivre. La joie n'est pas l'euphorie. Elle résulte de l'application délibérée de l'énergie à une entreprise librement choisie, qui se traduit par de la fierté et de l'assurance. Elle entraîne la communication et la coopération avec d'autres, fondées sur le plaisir qu'on éprouve en leur compagnie. Être libérées de l'impuissance et du besoin et fouler librement la terre est votre droit naturel. De même que rejeter les entraves et les distorsions pour prendre possession de votre corps en jouissant pleinement de ses capacités et en l'acceptant en fonction de ses normes naturelles de beauté. Avoir quelque chose à désirer, quelque chose à faire, quelque chose à accomplir, et quelque chose d'authentique à donner. Être libérées de la culpabilité, de la honte, et de l'inlassable autodiscipline des femmes. Ne plus avoir à feindre, à dissimuler, à cajoler, à manipuler, pour maîtriser et sympathiser. Prétendre aux vertus masculines de magnanimité, de générosité et de courage. C'est beaucoup plus qu'un salaire égal à travail égal. Il devrait en résulter une révolution des conditions de travail. « L'égalité des chances » n'a pas de sens car il faut apparemment que ces chances soient totalement changées, que l'âme de la femme change elle-même afin qu'elle désire profiter de ces chances plutôt que de les craindre. La première découverte significative que nous ferons sur la voie de notre liberté est que les hommes ne sont pas libres,

Establishment of Truth depends on destruction of Falsehood continually.

On Circumcision, not on Virginity, O Reasoners of Albion.

BLAKE, *Jerusalem*, pl. 55, III, 65-66.
(La vérité ne peut s'établir que par la destruction constante de l'erreur.)

et qu'ils en déduisent que personne ne doit l'être. Nous ne pouvons répondre qu'une chose : les esclaves asservissent leurs maîtres et, en nous affranchissant nous-mêmes, nous leur montrerons la voie qu'ils pourraient suivre s'ils voulaient échapper à leur

Parmi ceux qui refusent de croire à une religion révélée je n'ai pas trouvé en un demi-siècle un seul adversaire de la doctrine des droits égaux pour l'homme et la femme.

LONG, *Eve*, 1875, p. 112

propre servitude. Les femmes privilégiées tenteront de vous enrôler dans la lutte pour les réformes, mais les réformes sont rétrogrades. Le vieux processus doit être brisé et non pas remis à neuf. Des femmes amères vous inciteront à la rébellion, mais vous avez trop à faire. Qu'allez-*vous* faire ?

Germaine Greer, *La femme eunuque*,
(Trad L. Casseau, Robert Laffont, 1972, pp. 401-407).

QUELQUES SUJETS DE RÉFLEXION

● Les jeunes filles dans le théâtre de Molière et celui de Marivaux.

● L'image de la mère dans le théâtre de Racine (Agrippine dans *Britannicus*, Athalie, Clytemnestre dans *Iphigénie*, Andromaque); vous étudierez notamment les formes complexes que prend cette image dans *Phèdre* : Phèdre, fille de Pasiphaé, sous l'influence de sa nourrice (substitut de la mère?) Oenone ; l'ambiguïté de ses sentiments pour Hippolyte (dans quelle mesure peut-on parler d'inceste?).

● Féminité des grandes héroïnes cornéliennes (Chimène, Émilie, Rodogune, Camille...).

● Le mythe de Vénus dans le théâtre classique (*Phèdre* de Racine, *Andromède* de Corneille, *Psyché* de Molière).

● Le thème de la femme dans les *Fables* de La Fontaine (*La femme noyée, La femme, le mari et le voleur, L'ivrogne et sa femme, Les femmes et le secret, La fille*).

● Don juanisme et libertinage (le Valmont des *Liaisons dangereuses* est-il un don Juan ou un libertin?).

● Jean-Jacques Rousseau et l'image de la mère (madame de Warens dans les *Confessions*).

● Féminisme et anticléricalisme dans *La religieuse* de Diderot.

● Eve dans la *Légende des siècles* de Hugo.

● Angélisme et satanisme de la femme dans Baudelaire.

● Le « bovarysme » est-il un phénomène typiquement féminin? (Étudier dans *Madame Bovary* de Flaubert l'influence de l'éducation donnée à une jeune fille du XIXe siècle sur le développement de son esprit).

● Rôle de la jeune fille dans le théâtre de Giraudoux.

● Le personnage de la mère dans *Genitrix* de Mauriac.

● Les formes modernes du mythe de la femme : les « stars » de cinéma (Marilyn Monroe, Brigitte Bardot...); les figures publicitaires; les héroïnes de bandes dessinées (Barbarella) :

dans quelle mesure sont-elles la réincarnation de mythes anciens (mythe de Vénus en particulier)? Dans quelle mesure représentent-elles un phénomène typique de notre société contemporaine?

BIBLIOGRAPHIE

Outre les études mentionnées dans notre introduction, citons :

Ouvrages accessibles à un vaste public

— *Histoire mondiale de la femme*, publiée sous la direction de Pierre Grimal, Nouvelle Librairie de France, s.d. Luxueux ouvrage en 4 volumes, comprenant de nombreuses planches, et illustrations, diffusé exclusivement par les délégués de la maison d'édition (141, rue de Rennes, Paris, VIe).

— *Histoire illustrée de la femme*, préface d'André Maurois, Lidis, 1965, 3 volumes illustrés.

Ouvrages plus spécialisés

F.J.J. BUYTENDIJK, *La femme*, ses modes d'être, de paraître, d'exister, Essai de psychologie existentielle, Desclée de Brouwer, 1954, rééd. 1967.
(Remarquable étude, touchant à de nombreux domaines d'une lecture ardue, mais fort enrichissante.)

— *Dans le domaine de la psychanalyse*, aux textes de Marie Bonaparte et d'Hélène Deutsch déjà cités, on ajoutera :

J. CHASSEGUET-SMIRGEL, *La sexualité féminine*, Petite Bibliothèque Payot, 1970.

DR W. LEDERER, *Gynophobia ou la peur des femmes*, Payot, 1970.
(Vue par un psychiatre, la peur que les hommes éprouvent devant le mystère de la sexualité féminine, et les multiples formes qu'a prises ce mystère dans l'histoire : la Vénus callipyge des Grecs, la Déesse-Mère de l'Orient, la redoutable Kâli des Hindous...)

— Pour un abord plus facile du *Deuxième sexe*, de Simone de Beauvoir, plusieurs fois cité dans cet ouvrage, on consultera notamment l'excellente étude de Geneviève Gennari, *Simone de Beauvoir*, Témoins du XXe siècle, Éditions Universitaires, 1959.

— *Sur l'histoire de la femme*, outre les ouvrages de vulgarisation cités plus haut, voir :

MAURICE BARDÈCHE, *Histoire des femmes*, (2 volumes), Stock, 1968.

(Éclaire avec profondeur les mythes féminins de l'Antiquité à nos jours. Nous ne connaissons guère d'histoires de la femme se rapportant à des périodes particulières, excepté l'ouvrage des frères Goncourt, *La femme au XVIIIe siècle*, publié chez Firmin-Didot en 1862, rarement réédité depuis, et malheureusement presque introuvable aujourd'hui.)

— *Sur la condition de la femme dans le monde moderne*, voir :

YVONNE PELLÉ-DOUËL, *Être femme*, Stock, 1967.

(Cette étude, à la fois simple et bien documentée, comporte une bibliographie très détaillée touchant aux questions les plus diverses concernant la femme : biologie, philosophie, sciences humaines, etc.)

ÉVELYNE SULLEROT, *La femme dans le monde moderne*, coll. « L'univers des connaissances », Hachette, 1970.

(Ouvrage illustré, riche en statistiques et en renseignements pratiques.

Évelyne Sullerot est l'auteur d'autres études, solidement documentées, comme *La presse féminine*, *La vie des femmes*, *Demain les femmes*. etc.).

MATHILDE NIEL, *Le drame de la libération de la femme*, Le Courrier des livres, 1968.

(Aborde les questions biologiques et sociales touchant à la femme, et son insertion dans le monde moderne.)

BETTY FRIEDAN, *La femme mystifiée*, Gonthier, 1971.

ELAINE MORGAN, *La fin du surmâle*, Calmann-Lévy, 1973.

(Deux approches intelligentes des mythes forgés sur la différence des sexes).

SHEILA ROWBOTHAM, *Féminisme et révolution*, Petite Bibliothèque Payot, 1974.

— Notre recueil, nous l'avons dit, ne concerne que la femme vue par les écrivains occidentaux. On le complétera donc utilement par : E. E. EVANS-PRITCHARD, *La femme dans les sociétés primitives*, Presses Universitaires de France, 1971.

Revues

Retenons parmi bien d'autres les numéros spéciaux de :

La Table Ronde, consacré à « la psychologie de la littérature féminine, » mars 1956.

Esprit, consacré à « la femme au travail », mai 1961.

Europe, consacré à « la Femme et la Littérature », nov.-déc. 1964.

INDEX DES NOTIONS PRINCIPALES

La femme

A00001563263O

ACHEVÉ D'IMPRIMER LE 9 AVRIL 1974 SUR LES PRESSES
DE L'IMPRIMERIE HÉRISSEY A ÉVREUX (EURE)
Dépôt légal : 2e trimestre 1974
No d'Imprimeur : 14844
D/1974/0190/100